허공의 달을 병에 담은
동자승

2019년 월간《신문예》
신춘문예 수필 부문 당선작 수록

허공의 달을 병에 담은 동자승

장산 ── 지음

조계종
출판사

안빈낙도安貧樂道 서정미학의 서사시

장산 스님은 종교인이면서 문인이다. 종교인이나 문인이나 글과 삶이 동일할 때 대중에게 믿음을 주게 된다. 스님은 2018년 수필집『허공을 땜질한 수행자』를 출판하시었다. 2019년엔《신문예》지에서 신춘문예 수필「궁남지 연꽃이 필 무렵」이란 글로 당선되셨다. 이 글들을 개정 · 출판한다는 소식은 저로 하여금 반가움을 금할 수 없게 했다. 대중의 뜻이 반영된 결과라고 본다. 필자가 글 문에 들어선 지 30년이 넘었고 오랜 세월 글만 써온 문사들이라고 해서 좋은 글을 쓰는 것은 아니다. 처음 시작할 때와 크게 달라진 글이 없는 문인이 있는가 하면 입문한 지 얼마 되지 않았어도 세상사를 꿰뚫고 인간사를 변화시키는 글을 쓰는 문사도 있다. 장산 스님이 그러하다.

장산 스님은 문단 데뷔를 부끄러운 일이라 하시지만 중도를 지키며 대중을 위해 만상의 참모습을 불 밝혀 주시니 이 또한 대중포교 활동을 위한 중요 부분이 되고 있다. 스님은 글 문에 들어서기 전, 이미 중국 당나라의 도인 조주 스님에 대한 『조주어록 석의』 2권을 번역하여 부처님의 가르침을 공손히 받들어 실천하고 계시는 분이시다. 깨달음을 주는 그 글은 일반인이 읽기에도 좋아 현재 《신문예》에 연재되고 있다.

자연 합일 사상의 덕목을 갖춘 스님의 글들은 고통이 없다. 세상사와 인간사를 관통하는 수행자로서 양심, 도덕, 인간미가 녹아 있는 글 속에는 평범한 것에서 아름다움을 창출해 내는 미적 가치가 구현되고 있다. 혼탁한 시대에 세상의 때가 묻지 않은 맑고 투명한 소년 같은 순수한 감정이 살아 있으며 진솔한 내면세계는 눈과 귀와 마음을 맑게 하는 순정이 있어 긴 여운을 남기고 있다.

스님이 세속과 자연을 통섭하여 대중을 아우름과 같이 글도 이상과 현실을 융합하는 안빈낙도가 근본임을 엿보게 한다. 글의 본성이 신앙에서 빚어지고 있어 추상적이지 않으며, 섬세한 감수성과 풍부한 언어들은 사고의 깊이와 넓이를 무한히 뻗고 있어 모순됨이 없다. 꾸미거나 덧칠하지 않은 맑고 순수한 영혼의 빛은 아름다운 풍경으로 변주되고 있다. 무한 허공에 깨달음을 펼치시어 독자들을 미적 세계로 인도하고 있음이 스님 글의 매력이라 하겠다. 추천의 글을 쓰는 마음이 기쁘고 더욱 정진하실 것을 기원드린다.

2019년 12월 북한산 자락에서,

지은경(시인 · 문학평론가 · 문학박사)

무영수無影樹

머리는 허공에 두고
두 팔은 은하수에 닿아 있다

내가 세상에 올 때 그가 따라와
내가 주인이라고 한다

일상사는 삼생三生의 인연
나도 한 번 본 적 없는 낯선 그놈

태곳적부터 써 내려온 허물을 벗고
나는 배추꽃밭을 나는 나비

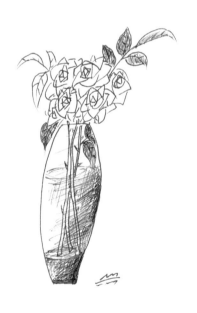

내 방문을 열면 큰 바위가 가로막고 서 있습니다. 그래서 매일 나는 본의 아니게 면벽합니다. 내가 살고 있는 암자가 바로 금련산 자락에 있습니다. 산중에서만 볼 수 있는 새소리 물소리도 다 들을 수 있어 좋습니다. 가끔 앉아 졸다가 일어나서 이 산 저 산 다니다 암자에 들어와 면벽하는 일이 고작이었는데, 가끔 글을 쓴 것을 한 스님에게 보여주었다가 그만 신춘문예에 응모하고 말았습니다. 월간문학 《신문예》입니다. 덜컥 수상작이라는 통보를 받고 이것이 좋은 것인지 뭔지 몰라 어쩔 줄 몰라 했는데 또 주변 사람들이 책으로 나오면 좋겠다 하여 세상에 나오게 되었습니다.

초명蟭螟이 눈썹에 황주皇州를 건설하고 제후들을 모아놓고 나랏일 살피다가 어느 날 조정에서 말하길 내가 살아보니 태허라도 오히려 한 물거품이라 하였다 하더라.

초명은 『포박자抱朴子』라는 도교서에 등장하는 가상의 생명입니다. 모기 눈썹에 집을 짓고 산다니 얼마만 한지 알 수 있습니다. 그는 모기 눈썹이 어마어마한 대지쯤으로 생각하고 살았는데 겨우 삶의 시간은 소가 눈 한 번 깜짝할 사이라고 하니 하루살이는 너무 긴 삶이지요. 지금도 벌어지고 있는 지구 속의 인간 세상사는 요지경 저지경이 되고 말지요. 인간이 만들어 놓은 업적 또한 헤아리기 어렵고 그 덫도 언제 어디서 터질지 아무도 모르는 야밤삼경을 헤매는 중입니다.

천문학자들이 우주 탄생을 재어보니 약 150억 년 전 일이라 합니다. 150억 년을 1년 달력으로 만들어보니 인간은 12월 31일 밤 10시 30분에 태어났고, 문자가 발명됨은 15초 전 일이라 한다지요. 그러고 보니 인간이 지구에서 살 수 있는 시간은 1시간 30분 정도입니다. 우주적으로 보면 정말 짧은 시간이나, 인간 시간으로 보면 앞으로 살아갈 시간은 계산조차 하기 쉽지 않습니다.

말 그대로 눈 깜짝할 사이에 태어났다가 사라지는 초명蟭螟이는 모기 눈썹에 나라를 건설하고 몇 분 몇 초 사이에 알 까고 번식한다니 그의 상상력은 대단합니다. 가만히 들여다보면 아무리 하찮은 작은 생명일지라도 '한 생명 속에 그들만의 천하'가 들어 있습니다.

오늘 방문 열고 바라보니 바위틈에 자라고 있는 들국화가 가을 되어 노란 꽃을 피워냈습니다. 들국화의 천하가 거기 있음을 보았습니다.

2019년 12월
세존사 반산선원 툇마루에 앉아서,
노산老山

하나의 생명에 하나의 천하가 있다

강산을 걷는 사람

그림자 없는 나무

눈 뜨면 다 비치는 것

산문山門

돌아보면 떠나온 그 자리

1. 봉평 메밀꽃과 달빛

아주 오래전이었지요. 20년쯤 전인가? 신륵사 가인可認 스님에게 봉평 메밀밭 구경 한번 하자고 하여 갔는데, 그때가 마침 추석 다음 날이었습니다. 가을이 한창 무르익어가는 좋은 계절인데 때가 때인지라 차창 밖 들판이 온통 노랗게 벼 익어가는 풍경이 숨 막힐 정도이었습니다. 가을은 설악산에서부터 오는 것이 아니었지요. 들녘에 벼 익어갈 때, 농부가 제일 먼저 가을이 옴을 알아차립니다.

봉평 가는 길목엔 온통 원조 메밀국수, 원조 봉평 막국수 등 죄다 원조라는 명패 하나씩 달고 사람들을 기다리는데 추

석 다음 날인지라 사람이 있을 리 없지요. 가인 스님은 우리
이러다가 메밀국수 한 그릇 못 먹고 가는 거 아냐? 볼멘소
리합니다. 우리는 이 집 저 집 기웃거리다가 문이 열린 집이
하나 있어 들어갔는데, "아이구, 스님들이 오셨네요. 추석은
잘 쇠셨는지요?" 이때 친구가 말을 받습니다. "그라믄요. 매
번 추석을 쇠는데 고거 못 쇠겠십니꺼." 역시 경상도 스님인
지라 말씨가 억셉니다.

  "뭐 드시겠습니까." 주인은 얼른 말을 돌려 뭐 먹을 것인
가 묻는데 차림표라고 해봐야 겨우 두 가지인데요, 메밀전
과 막국수뿐입니다. 하나씩 시켜 먹고 난 후 밖에 나왔지요.
맛이야 특별할 것은 없지만 진한 메밀 향이 입안에 가득한
느낌과 메밀 향기가 방 안을 가득 채웠습니다. 내가 어릴 적
어머니가 해주어 먹던 메밀 칼국수 그 향이 나서 잠시 옛날
을 기억하게 한 맛이었습니다. 메밀국수 때문에 예까지 온
것은 아니고 이효석의『메밀꽃 필 무렵』에 나오는 그 풍경을
한번 느껴보고 싶었지요. 허생원과 동이가 걸었을 그 길을
따라 달빛 구경 왔는데 정말 좋았습니다. 산허리에 길게 걸
친 길을 걸으며 이효석의 '드넓게 펼쳐진 메밀꽃밭은 소금을

뿌려놓은 것 같다'던 그 말이 딱 들어 맞구나. 감탄이 절로 나옵니다. 그리고 그날따라 달빛은 정말 좋았습니다.

봉평면 소재지에서 평촌리까지 십 리 길, 주변은 소나무 들이 들어차 길은 어두웠습니다. 마을과 마을 겹겹이 둘러 쳐진 산속을 보름달이 휘영청 밝아 이효석이 본 그 달빛보 다 더 밝았습니다. '부드러운 빛을 흔붓이 흘리는 달빛'이라 던 이효석의 기막힌 표현이 아니라 강렬한 달빛은 도시의 어 두운 밤을 밝히는 가로등보다도 더 강렬하였지요. 메밀밭을 사정없이 달빛이 내리 쏟아부어 그러잖아도 흰 메밀꽃이 더 희어 눈밭 같았습니다. 그런데 그때 한 여인이 하얀 드레스 를 입고 메밀밭을 걷고 있어 사뭇 눈길이 갔습니다.

우리는 산허리에 길게 걸린 길을 걷다가 가끔 이효석이 되기도 합니다. 가녀린 붉은 메밀대에 새하얀 꽃들이 수없 이 달라붙어 경쟁이라도 하듯 피어나 보는 순간, 마음은 달 빛에 저려옵니다. 저린 마음은 흔들리고, 설레는 가슴은 사 람을 들뜨게 만들지요. 밋밋하고 드넓은 메밀꽃밭, 달빛 아 래에서 하얀 메밀꽃밭을 보기만 해도 그저 마음 둘 곳이 없는데, 이는 보는 사람들로 하여금 백치로 만들 것 같습니다. 달빛은 메밀꽃에 반사해 더욱 희어지고, 끝없이 펼쳐진 흰 꽃밭은 영화 〈아리안의 처녀〉에 나오는 달빛 아래 새하얀 백합꽃밭에서 연인과 만나는 장면을 연상하게 합니다.

이효석이 없는 메밀꽃밭도 이런 맘 일어날까 하는 생각을 하니 역시 이런 풍광은 봉평에서만 느낄 수 있는 추억입니다. 우리들은 드넓은 메밀꽃밭을 돌며 달빛에 취해 밤이 가는 줄도 모르고 있었습니다. 이제 새벽이슬이 내려앉아 발이 젖습니다. 밤새도록 강렬하게 내리쏟는 달빛에 포로가 되어 도저히 벗어날 수 없다는 것을 알게 되지요. 마치 몽유환자가 된 듯, 이리 돌고 저리 걸으며 온 곳도 잊고 갈 곳도 잃어버리고 맙니다. 또 무릉도원이 있다면 이런 곳이 아닐까 하는 생각에 이르니 난 분명 미친 자일지도 모른다는 생각을 하였지요. 텅 빈 허공에서 밝은 달빛을 마구 쏟아내 온 산하가 달빛의 포로가 됩니다. 안견이 지금 이 마음을 그려내라면 그려낼 수 있을까? 몽유도원이 내 눈앞에 펼쳐져 걸어도 걷는 것이 아니며, 앉아도 앉아 있는 것이 아님을 느낍니다. 들녘 메밀꽃밭에 흩뿌려지는 달빛을 난 도저히 감당

해낼 수 없음을 알게 되었습니다. 누가 감히 메밀꽃밭에 흩뿌리는 밝은 달빛 유혹을 뿌리칠 수 있을까요. 나는 밤새도록 아득한 유혹을 뿌리치지 못하고 메밀밭을 헤매고 있을 때, 달은 서산으로 이지러지면서 어느덧 그 새하얗던 메밀꽃밭과 흐뭇이 설레던 마음과 생각의 그림자까지 모두 거두어 갔습니다.

메밀꽃과 달빛

하얀 메밀꽃 흩뿌려진 향기
달빛으로 피어올라
선녀가 꽃밭에 내려온 듯
찾는 이 모두 혼을 잃는다.

2. 옹기장이

내가 아주 오래전에 울산 옹기마을을 찾은 적이 있었습니다. 80은 되어 보이는 노인이 옹기를 빚고 있었는데 눈빛이 깐깐해 보였는데 척 봐도 보통 노인은 아닌 듯싶었습니다.

"요즘 옹기 좀 나가는지요?" 하고 물었는데 힐끗 쳐다만 보고는 말대꾸를 하지 않는 겁니다.

귀가 어두운가 싶어 큰 소리로 "요즘 옹기 좀 나가는지요?" 하니 "에서 온 시님인데 소리 빡빡 질러대노? 귀 안 먹었데이." 하는데 어찌나 놀랬는지! 목소리가 우렁차고 눈빛이 형형함이 한 총림의 칼칼한 선승 같다는 생각이 들었습니다.

"에잇, 오늘은 틀렸다." 하고 노인은 옹기 만들던 진흙을 던져버리는 겁니다. 내가 뭘 잘못했나 하고 괜히 민망해하는데 "시님, 이리 와보이소." 해서 따라가 봤더니 옹기장 옆에 투박한 상 위에 있는 노인이 구워낸 투박한 다완으로 차를 우려내주는데 작설차 향기가 여느 차와는 달랐습니다. 내가 말하기를 차 향기가 다른 곳에서 마신 차와는 다르다 하니 늙은 옹기 장인은 날 보고 "이름 하나 근사하게 지어보소." 하는 겁니다. 그래서 "천향天香은 어떻습니까?" 하니 마음 흡족했는지 그 투박한 찻잔을 내게 선물이라고 주며 하는 말이 "난 이것을 30년이나 사용하였습니다." 하였습니다. 그 옹기장이 노인은 젊은 스님이 좋았던지, 내가 5대 차 옹기 장인이라며 조상 이력서까지 죄다 풀어놓는 것이었습니다. 그 당시만 해도 플라스틱 그릇들이 쏟아져 나와 힘들 때였습니다. 90이 넘었다 하는 노인은 깐깐한 눈빛으로 말하기를 "사람들이 다 모르능겨, 옹기가 엘마나 좋은 물건인지 모르는 게야. 그래도 나라에서 나를 '민속 전통 옹기 장인 인간문화재'라고 인정해주었지." 하며 환한 웃음을 지어 보이는데 마치 '신라의 미소'라 불리는 와당瓦當의 인면문人面文 같아 보였습니다. 나는 그때 '인간 승리의 문화재'를 보았습니다.

혼자 걸어온 길

그 길
어제도 오늘도 주어진 삶
그는 신라의 미소를 짓고 있다

그의 눈 속에는 상형문자 들어 있고
귀로는 천 년 전 뻐꾸기 소리 듣는다.

3. 지리산 할매

아주 오래전이었습니다. 그러니까 지금부터 50년도 훨씬 넘은 이야기입니다. 지리산 할매를 아는 스님은 다 알지요. 당시에 스님들처럼 먹물 옷 입고 참선한다고 하는데 벽송사 며 대원사 등 선원이란 선원은 안 다닌 곳이 없었다지요. 그 래서 모두 지리산 할매라고 부릅니다. 지리산 할매는 한 번 씩 스님들을 골탕 먹이기로 소문났습니다. 공부깨나 한다 하는 선원 수좌들도 그 할매만 보면 슬금슬금 도망간다 합 니다.

스님들만 보면 첫마디가 "스님은 어디서 오셨지요?" "예? 저는 해인사에서 왔습니다." [낚시 바늘에 걸리지 않는 고기는 없다.] "아이쿠, 지난 한 철도 헛수고로세. 온 곳도 모르다니 멍 청하긴!" 휙 하고 나가버린답니다.

한번은 어느 노승이 "보살은 참 오래된 수좌 같습니다." 하고 말을 건넸다 합니다. 할매가 "아이구, 노시님은 참 사 람도 잘 보세요. [철관에 갇혀버렸다.] 지가 예 지리산에서 30년 을 보냈지요. 근데요, 산속에 사느라고 시집도 못 갔지 뭡니 까? 시님, 지는 언제쯤 시집가서 어린 동자 하나 얻을 수 있 겠십니꺼?" [걸리면 절대 빠져나가지 못함.] 하였지요. 이 노승은 그야말로 성인군자라 해도 서운할 만큼 점잖으신 스님인데 뜻하지 않게 보살의 일갈에 그만 말을 잃어버리고 말았다 하 지요.

"아니, 보살님이 이제 시집가시게요?"

"그람요. 왜 지가 어때서 못 갑니까? [시간과 공간을 잊어버렸 군.] 시집가서 도인 될 아들 하나 낳아야지요." [거룩한 원력이 다.]

"아, 아니 그게 아니라 가시면 되지요." 하고는 자리를 피 하고 말았다고 합니다.

이 할매는 매년 석가탄신일이 되면 주로 큰절이나 선원을 찾아 참배하고 등불을 켜고 소원을 빈다고 합니다. 수십 년 동안 안 가본 절이 없고 안 만난 선사가 없다, 소문이 자자합니다. 이제 마지막이라 하면서 간 곳이 백양사이었지요. 거긴 근세에 고승이 잠시 사대四大를 의탁했던 절이기도 하고 예로부터 호남 불교의 근본 도량이란 말까지 난 서슬이 퍼런 선원이며 수행 도량입니다. 또 고불古佛이 선원 납자들을 지도하여 찾는 선객들을 늘 긴장하게 하는 곳이기도 합니다. 산문에 들어서기만 해도 선기禪氣가 느껴지는 고찰이지요.

"주지시님, 한마디 여쭙겠습니다."

"뭘 말씀하시는지요?"

"스님은 어디서 왔습니까?"

"말해주면 머리가 깨질 것이오."

"하하하, 머리가 깨져야 도통이란 걸 했다 안캅니까?"

"무쇠 소에 뿔나면 백장산이 일어난다 했는데 언제 일어날지 일러보시오?" [동관銅關에 가둬야 한다.]

아차 싶었는지 지리산 할매는 말을 바꾸는데 거기는 함정이 있지요.

"시님, 지가 백양사 죽순을 훔치러 왔거든요." [뿌리째 뽑아
버리겠다?]

주지스님은 점잖게 한마디 했지요. "여기 죽순은 억세기
가 산양뿔 같아서 도저히 삶아도 삶지 못하고 꺾어도 꺾이지
않아 괜히 힘만 들지요." 하니 할매는 오늘은 주판이 안 맞
는구나 하고 돌아갔다 합니다.

스님만 만나면 "어디서 왔는가?" 하고 묻던 지리산 할매
가 한때 해인사 아랫동네 홍류동 어구에서 국수를 팔고 있다
는 소문이 났습니다. 가끔 스님들이 길을 가다 배고파서 들
어가면 보지도 않고 묻지요. "어데 가시는교?" 스님이 "해인
사 갑니다." 하면 "틀렸다 틀렸다." 하지요. 하루는 한 수좌
가 단단히 맘먹고 그곳에 들러 "할매요! 무엇이 틀렸다는 것
입니까?" 하니 "해인사 들어가면 거기에 염라대왕이 있는기
라. 시님이 그 염라대왕 보면 뭐라 할란교?" 하였는데, 그 스
님은 들은 체도 안 하고 산으로 올라갔다지요. 그 후로 해인
사 스님들이 누가 염라대왕인가 하고 말들이 분분하기만 한
데 하루는 암자에 거주하는 스님이 말하기를, 남산을 마주
하고 있는 노옹老翁이 있는데 그가 바로 염라대왕이라고 말

했다고 합니다. 만약 누가 가서 묻기만 하면 뼈도 못 추리고
도망친다 하니 그런 말이 났다 합니다.

나는 누구인가?
그것을 알기 전에는
모조리 소경이다.

4. 진주 논개의 혼불

얼마 전 진주 호국사를 참배하기 위하여 스님들이 방문한 적이 있었습니다. 마침 가을철이라 절 뜰 안에 있는 수령 수백 년은 될법한 아름드리 은행나무가 가을에 물들어 있습니다. 옆에 또 다른 고목들도 즐비하게 늘어서 있는데 그 나무들도 가을의 옷으로 단장한 듯 보였습니다. 호국사는 고려 말 축성하면서 병사들의 기도처로 지은 절이라고 사적기에 쓰여 있습니다. 처음에는 절 이름이 내성사內城寺이었으니 이름만 보아도 알 수 있지요. 언제 호국사로 변했냐 하면 임진왜란이 끝나고 나라를 지키다가 전사한 영혼들을 기리고자 호국사로 이름하고 위패를 모셨다고 합니다. 임진왜란

때 김시민, 김천일 장군과 의병과 시민군 등이 성을 지키다가 전사한 곳이기도 합니다. 왜군 고니시 유키나가, 오오타 도모시케 등이 이끄는 3만이 넘는 왜군과 고작 3천여 의병을 이끌고 고군분투하다 전멸하였다고 하니 그들의 절규가 귓전에서 맴돕니다.

마침 그날은 유등제 개막일이었으니 시가지는 인산인해였습니다. 성城 길을 따라 촉석루에 오르니 시가지가 한눈에 들어옵니다. 마침 진주 유등 축제가 있어 남강이 온통 축제 분위기이었지요. 강 양편으론 오색 깃발 수백 개가 펄럭이고 강물 위에는 울긋불긋 호화로운 유등이 떠다니고, 수많은 사람들도 유등 따라 떠다니며 축제를 맘껏 즐기는 듯 보였지요.

예까지 왔으니 의암義巖은 꼭 봐야 하지 않겠는가? 라며 도반들과 강가로 갔습니다. 물 위에 떠 있는 듯 편편한 바위가 하나 있었는데 바로 이 바위가 '의암'이라는 것을 알았습니다. 논개 열사님이 왜장을 끌어안고 강물에 뛰어들어 왜장과 함께 생을 마친 곳. 그래서 이 바위가 의암이 되었습니다. 나는 알 수 없는 생각에 발이 의암에서 도무지 떨어지지 않는 것입니다. 얼마간의 시간이 흐른 후 함께 온 도반들은 모두 가버리고 나 홀로 흐르는 강물 위에 유등과 함께 떠다니고 있었습니다. 유등은 붉은빛 나는 등, 푸른빛 나는 등, 흰빛 나는 등, 오색의 수천수만의 등불이 하늘과 강물에 둥둥 떠다니는데 굉장하였지요. 더 놀라운 것은 바로 논개 열사는 유등 사이로 춤을 추며 둥둥 떠다니고 있었고, 수천의 의병과 시민 혼들이 절규하면서 떠다니고 있었으며, 그 가운데 왜장과 왜군 수천의 혼들도 함께 춤추며 강물 위에 얼비쳐 떠다니는 것이었지요. 죽은 왜장 게야무라 로쿠스게도 떠다니면서 깔깔대고 히죽히죽 웃기도 하고, 하하 웃어대기도 하고, 하여간 그렇게 밤새도록 불꽃과 축포 소리와 함께 마치 진주성을 놓고 아군과 적군이 싸우는 듯하였습니다. 뱃노래 소리에 맞춰 혼들이 춤추고, 그러다가도 일순간에 모두 사라졌다가 금세 내 앞에 나타나기도 하지요. 나는 배를 타고 남강 십 리를 떠내려가는데 계속 그들 혼들은 나를 따라다니는 듯하였습니다.

　밤새도록 남강물 위에서 떠다니다가 보니 밤이 깊어 사람들은 뿔뿔이 사라져 찾아볼 수 없고, 유등과 나 홀로 강물 위에 떠 있는 것이었습니다. 새벽 동틀 무렵 유등의 불이 하나둘씩 꺼지고 강물과 하늘에 떠다니던 혼들도 유등과 함께 어디론가 가버렸습니다. 꿈을 꾼 듯 강가 의암으로 돌아와 넋을 놓고 앉아 있는데 옷이 흠뻑 젖어 있었습니다. 그리고 변영로의 '강낭콩 꽃보다 더 붉은' 논개를 추모한 시처럼 지난밤 동안 유등제는 논개 님의 추모제처럼 보였고, 이 세상에서 제일 아름답고 마음 아픈 기억의 축제이었습니다.

떠다니는 그림자

하늘 땅 그리고 무수한 별들
강낭콩보다도 더 붉었습니다

형제는 창칼에 낙엽처럼 떨어졌다
어찌 저며오는 심장을 누를까

수만의 유등과 흐르는 강물
혼백은 고향에 돌아와 편히 쉬소서

5. 진달래 꽃물 붉게 흐르고

봄이 되면 가야산 해인사 들어가는 홍류동 계류溪流는 맑은 물이 콸콸 흐르며 바위와 바위 사이에서 서로 부딪쳐내는 물소리가 기가 막히지요. 물소리 악기입니다.

가야산 계곡은 봄이 되면 특히 진달래가 흐드러지게 피어나고 온 산천이 연두색으로 변하여 그저 사람을 들뜨게 만듭니다. 봄이 되면 가야산뿐만은 아니지만 싱그럽기 그지없는데 특히 홍류동 계곡은 온갖 꽃들과 나뭇가지의 새순은 연둣빛으로 물들고 새들의 지저귀는 소리가 산을 가득 메웁니다. 죽기 전에 꼭 가봐야 하는 곳이기도 합니다. 여기가 봄의 향연이 베풀어지는 무릉도원입니다. 오죽하면 천 년 전 최치원 선생이 "천상이 어딘가 했는데 바로 예로구나."라고 하지 않았을까요. 게다가 이 시절이면 붉디붉은 꽃을 피워 내는 진달래는 유난히도 홍류동 계곡을 가득 메웁니다.

봄소식은 진달래뿐만은 아니지만 움츠렸던 나무들이 물이 올라 경쟁이라도 하듯, 정신없이 잎 나고 꽃 피워냅니다. 홍류동은 선경이라 할 수 있는데, 마침 이때쯤 화사한 봄날, 가야산 늙은 산지기는 해마다 온갖 산야초로 빚은 약술 한 병 들고 와서 홍류동 계류 큰 바위 하나 차지하고 인생을 맘껏 즐기고 있는데, 바람이라도 불라치면 연분홍 진달래 꽃잎들과 산배나무 꽃들이 눈처럼 휘날리어 계류에 떨어져 떠내려가는 것입니다.

산마을에 사는 노인이 있었는데 그가 스스로 산지기라 합니다. 해마다 이맘때면 홍류동 계곡에서 홀로 산천의 경치를 즐기는데 매양 좋아서 혼자 중얼거리듯 아~ 붉다, 붉어! 흐르는 계류가 붉다 하며 좋아 죽는데, 그때 한 동자가 그 노인을 보고 다가갔습니다. 동자는 언제 해인사 왔는지 아무도 모르지요. 옛날부터 그렇게 해인사에서 이 스님 저 스님 심부름도 하고 때론 마당도 쓸고 하는 장난꾸러기 동자입니다. 해인사는 당시만 하여도 스님이 한 500여 명 살고 있었으니 스님들도 서로 얼굴도 잘 모르고 살지요. 동자는 언제나 스님들의 귀여움을 독차지하였습니다. 어린 동자가 지나다가 노인께서는 뭘 그리 좋아하세요? 하고 물을라치면 대답 대신 너는 모른다. 너는 모르는기라, 하면서 좋아 죽는다 합니다.

하루는 동자가 산지기 노인 옆에서 꽃잎이 날리어 계류에 떨어져 떠내려가는 것을 함께 보고 있는데 산지기 노인이 동자에게 물었습니다.

"저 꽃잎들이 어디로 가는지 아느냐?"

동자가 당돌하게도, "알긴 알지만 가르쳐드릴 수는 없습니다."

"어찌하면 나에게 가르쳐줄 수 없느냐?"

"그것은 부처님이 물으신다 하여도 가르쳐드릴 수는 없습니다." 하였다 하네요.

그 뒤로 해인사 스님들은 동자에게 "떨어진 꽃잎은 어디로 갔는지 가르쳐 달라."고 하였다 합니다.

최치원 선생 기리는 시

何日文昌入此蠻　하일문창입차만
白雲黃鶴渺然間　백운황학묘연간
已將流水紅塵洗　이장유수홍진세
不必重聾萬疊山　불필중농만첩산

언제 선생께서 여기에 왔던가
흰 구름에 학이 아득히 날 때
흐르는 물로 세상의 때를 씻고
산 중첩하니 귀 막을 필요 있을까

최치원 선생 시

狂奔疊石吼重巒　광분첩석후중만
人語難分咫尺間　인어난분지척간
常恐是非聲到耳　상공시비성도이

039

故敎流水盡籠山 고고유수진농산

미친 듯 달리는 돌사자 중후한 산세
사람 말소리 지척에서도 분간할 수 없나니
세상의 시비 소리 들릴까 두려웠는데
흐르는 물소리가 온 산을 외워 가두누나

* 이 시는 최치원 선생이 여기 해인사로 들어와 여러 선사들과 함께 수행한
  것을 후세에 시 한 구절로 기린 것이다. 홍류동 농산정籠山亭 건너편 암벽
  에 새겨져 있다.
* 홍류동紅流洞이란 봄철 진달래 꽃물이 계곡에 얼비쳐 붉게 물들인 듯 그
  렇게 흐른다는 말에서 유래.

6. 비 내리는 호남선

비가 추적추적 내리는 날, 오래전이었지요. 서대전에서 목포행 완행열차를 탔습니다. 그 시절은 기차가 주된 교통 수단이었습니다. 밤 12시가 다 되어 열차가 출발하여 목포는 다음 날 새벽 4시 이후에 도착하는 기차였지요. 당시에 호남선은 단선 선로라서 어떤 때는 중간역에서 오래 서 있는 것이 큰 단점입니다. 기차에는 별별 사람 다 타는데 표 검사원, 완장 차고 다니는 역무원, 장사하는 홍익 매점원이 간식거리를 밀대에 밀고 다니면서 온갖 것 다 팔지요. 소매치기는 기본이고 사기꾼까지 난장판이라 해도 과언이 아니었지요. 지나고 보면 그런 시절이 다 추억이 됩니다. 대전역이나 익산역, 정읍, 송정역 등 큰 역에서는 우동 한 그릇 먹을 시간도 충분합니다. 어떤 때는 한 역에서 20분 동안 기다리는 경우도 있었습니다. 완행열차는 정해진 자리가 없습니다. 먼저 앉는 사람이 임자일 때입니다. 주말이면 복잡한 것은 말할 것도 없습니다.

나는 목포 정혜사에 도반이 있어 가는 중이었지요. 기차가 서대전에서 출발하자마자 바로 표 검사가 시작되고 얼마를 달렸을까, 술이 잔뜩 취한 한 남자가 소주병을 들고 한 손에는 오징어 한 마리 들고 나를 빤히 쳐다보는 것이었지요. 순간 저 인간이? 틀림없이 내게로 와 귀찮게 할 것 같은 생각이 들었지요. 나는 그가 안 보이는 다음 칸으로 갔습니다. 그런데 이 인간이 또 뒤따라옵니다. 다음 칸으로 가면 또 오고, 그렇게 기차 끝 제일 뒤의 객차까지 갔는데 뒤따라와서 그럽니다. "스님, 어디까지 가시지라? 나를 피해 가면 어디까지 갈 수 있어라?" 그리고 또 하는 말이, "스님! 지 같은 말초들을 구제하지 않고 말 잘 듣는 중생만 구제하요? 그건 구제가 아니지라. 그냥 내 말 잘 듣는 몇몇 놈 앞에 놓고 지하고 잡은 말만 하는 거 아니것소? 시상엔 지 같은 놈은 흔해 빠졌어라. 시상엔 배고픈 놈들 많소. 누가 그들을 구제하 것오? 그라니까 말해보시라 이 말여! 자자 한잔하소. 지가 스님 도망가는 거 알고시리 요로코롬 마시고 싶어도 쪼께 남겼잖소? 쭉 들이키시요잉. 이게 사람을 취하게 하지만서도 기분 좋아버려!"

이때 웬 건장한 남자가 오더니 그 사람의 술병을 빼앗고 뺨을 후려치는데, 아이쿠! 그 사람 객실 바닥에 나뒹굴었지요. 그리고 그 남자는 내게 말하기를 "지는요, 요로코롬 못 된 놈은 못 봐주지라. 스님께서 어디 계신지는 모르지만 섭하게 생각지 마시쇼잉. 지는 목포 건달이지라. 그래도 건달이 정의지라. 스님도 아시지라."

(……)

얼마간 침묵 속에 있다가 이 남자가 말을 꺼냅니다. "낼 우리 성님 49재지라. 그래서 정혜사 가지라. 스님두 시간 되시면, 그게 뭐지라, 기도해주러 오신다면 엄청 반갑어라."

어이구 이거 모야! 내가 정혜사 친구 보러 가는데 그자가? 스스로 건달이란 자가 49재 온다고? 그러면 이 친구 서욱 대사西旭大師가 날 보고 꼭 와야 한다는 것이 49재 염불하라는 거였어? 내참 이 친구……?

다음 날 건장하고 잘생긴 깍두기들이 법당 가득했지요. 나는 주지와 함께 요령 들고 목탁 치며 망자의 왕생극락 염불하고 축원까지 했는데, 이 친구는 나보고 49재 법문을 하라는 것이었습니다.

"이 사람아. 난 법문 못 하잖아! 법문 해본 적도 없어. 주지가 해. 난 못 해!" 귓속말로 하는데 이 친구는 마이크 잡더니만 나를 초청 법사로 모셨다면서 내 이력까지 소개하고는 단상에 앉혀놓는데요. 나는 원래 심장도 약하고 법문도 한번 해본 적이 없었기에 당황한 것은 당연했지요. 도대체 망자를 위해 무슨 법문해야 왕생극락하고 내 말 알아듣고 깨달을까?

법상에 앉긴 앉았는데 말이죠, 법문을 망자를 위한 것이 아니라 친구 때문에 하긴 해야겠는데 통이 할 말이 나오질 않았습니다. 그때 맨 앞줄에 앉은 그 사람? 건달이라고 자신을 소개했던 그 건장한 남자, 굳은 표정으로 나를 쳐다보며 "스님, 지들의 성님이니 왕생극락하는 법문 해주시지요." 합니다.

(잠시 침묵이 흐른 후)

"여러분 합장하시지요. 따라하세요.

나무아미타불. 나무아미타불. 나무아미타불."

이렇게 열 번 하고 나서 "이미 망자께서는 왕생극락하셨습니다." [사람들이 왕생극락하였다는 말에 어리둥절.]

"아미타경에 부처님께서 일심으로 아미타불 염불한다면 반드시 극락왕생한다 하시었으니 이미 극락왕생하셨습니다. 극락 가시면 부처님께서 관세음보살과 대세지보살을 거느리시고 직접 영접한다 하십니다. 그리고 그곳에 태어나는 즉시 다 보살이 되신다 합니다. 그러므로 오늘 망자께서는 극락세계 보살로 화현하시어 극락세계에서 사시게 됩니다. 그러니까 말하자면, 제 말은 그 뭣인가 하면 원래 사람은 태어날 때 빈손으로 왔다 안 합니까? 갈 때도 빈손으로 가신다는 그거지요. 말하자면, 그러니까 온다 하는 것도 사실 온 곳이 없고, 간다 하는 것도 가는 것이 아니지요. 본래 우리는 진리의 몸이니 오는 것도 가는 것도 아님이 분명하다는 것을 안다면 그것이 깨달음이지요. 부처님은 지금 이 시각에도 만물을 구제하시고 계시지요. 영가시여! 눈 한 번 번쩍 뜨고 본다면 내 안에 있는 참사람이 있는데 그가 바로 진실 생명입니다."

 뭐 이런 말씀으로 땀을 뻘뻘 흘리면서 마쳤는데 다들 좋은 법문이라고 해서 얼떨떨한 적이 있었습니다. 정혜사 주지는 내게 와서는 "노산! 정말 오늘 법문 잘했어. 내가 들어본 법문 중에 최고야!" 했지요. 그러나 이것은 완전히 나를 놀리는 것이 분명하지만 때려줄 수도 없고 엉겁결에 목포까지 와서 뭐 하는 짓인가 했지만 이런 것이 또 스님들의 하는 일이지요.

 다음 날 새벽같이 도반과 둥글 울퉁하고 불퉁한 유달산을 오르는데 바위 골짜기마다에는 정혜사 목탁 소리 들으면서 아득히 배어든 골짜기마다 등산길은 아침 조기 등산하는 사람들이 넘쳐나 산을 메웠습니다. 정상에 올라보니 해가 어느새 떠올라 바다는 은빛 물결이 출렁이었습니다. 멀리 점점이 보이는 섬들과 섬들 사이로 작은 통통배들이 오고 가는 것을 보고 있노라니 선경이었습니다. 바다엔 자욱이 실안개가 섬과 섬 사이를 아득하게 이어 신비하기까지 하였지요. 그때 그 풍경은 아직도 남아 아스라이 펼쳐진 목포의 아름다움은 나의 추억이고 마음속 진경이었던 것으로 기억됩니다.

길을 묻다

한 젊은이 비틀거린다
눈을 반쯤 감고 따라온 그의 한마디
스님은 어디로 가십니까
나는 그 한 물음에
앞이 그만 콱 막혔다
내가 가야 할 곳?
아무리 생각해도 그곳은 절언絕言의 땅인 것을

하나의 생명에 하나의 천하가 있다

7. 금강 휴게소의 추억

  아주 오래전 이야기이지요. 한번은 도반 산옹山翁과 서울에서 동화사를 가던 길이었습니다. 금강 휴게소에서 잠시 쉬었다 가려고 휴게소에 들렀는데, 강물이 시원히 흐르는 금강과 녹음이 막 지려 할 때라서 주위는 옅은 녹음이 강물과 어우러져 흐르고, 금강보洑는 잔잔하여 산 그림자가 못에 박혀 또 하나의 산이 거꾸로 물속에 있습니다. 가끔 보트가 지나가면 산 그림자는 조각조각 부서져 못 속으로 모두 가라앉지요. 한낮 따사로운 햇볕에 강물 위는 옅은 수증기가 피어올라 마치 강 물속에서 신기루가 요술을 부리고 아지랑이는 산천을 흐느적거리게 만들어 사람을 나른하게 하는 봄날이었지요. 강 건너에는 연한 초록으로 물들여 봄의 풍경은 사뭇 사람의 마음까지 흔들어놓습니다.

　나는 흐뭇한 봄의 정취에 취해 있는데 은어 낚시를 하는 사람들 대여섯이 있어서 산옹山翁과 보湺로 내려가 보니, 낚시는 그렇다 치고 우산을 펴 뒤집어서 보 위로 뛰어오르는 은어를 우산으로 받는데요. 이것은 인간의 약삭빠름에 물고기는 어이없게도 뜻하지 않은 비참한 최후가 되는 것이지요.
　"아저씨, 그것은 좀? 자연과 순리에 대한 모독입니다." 스님의 뜻하지 않은 한마디에 낚시꾼의 사나운 눈초리와 우악하게 생긴 그놈의 얼굴빛에 그만 난 주눅이 잔뜩 들있는데, 그의 한마디! "스님이 뭔 상관이요?" 핀잔을 한 포대나 얻어먹고 자리를 떠나오다, 그래도 오늘 말 나온 김에 방생 한번 하자 싶었지요.

　"산옹 대사! 우리 오늘 방생하자. 우산대로 잡은 은어를 잡는 즉시 얼마씩을 주고 사서 방생하자." 산옹은 쓸데없는 짓 하지 말고 빨리 가자는데 왠지 호기가 생긴 것입니다. 나는 호기심으로 무조건 한번 해보자 하고 빨리 가자 하는 산옹의 소맷자락을 잡고 다시 보로 내려갔습니다.

　　산옹의 첫마디는

"방생 비용이 얼마나 들어야 해?"

"하여간 하는 데까지 해보지 뭐."

　　그렇게 해서 우리는 고기 크기에 상관없이 한 마리당 3백 원에 사자고 하니 그 우악스럽게 생긴 남자는 나를 위아래로 살피더니 하는 말이 "스님, 돈 많슈?" 하는데 그도 재미있어 하는 눈치였지요. 그러면서 하는 말이 이것 구워서 팔면 천 원은 넉넉하게 받는데 3백 원은 적다 하고 5백 원 내라는 것이었습니다. 내가 아무 말 않고 5백 원 준다 하니 그 우악하게 생긴 우산대 낚시꾼은 신나게 은어를 잡아 윗 보로 집어 던지며 "잘 세어보슈. 나중에 숫자 틀리면 스님들 지갑 다 털린 줄 아슈!" 하고는 힐끗 쳐다보고는 열심히 잡는 것이었지요. 그렇게 한 시간도 넘게 그 우악스럽게 생긴 남자는 열심히 은어를 잡아 보에 집어 던지고는 숫자를 묻는데 나도 세다가 그만 잊어버리고 말았는데, 그 우악스럽게 생긴 남자가 하는 말이 "천 마리입니다." 하고는 호쾌하게 웃는 것이었지요. 이때 산옹이 이렇게 말하였지요. 나를 힐끗 보며 귓속말로 "거짓말이야. 한 백오십 마리쯤 될 거야." 그리고 산옹이 말을 하는데요, 나도 깜짝 놀랄 말을 하는 겁니다.

"제가 한 말씀 드립니다. 작은 은어 한 마리일지라도 그 은어가 바로 금강입니다. 그리고 하나의 생명에도 하나의 천하가 있습니다. 함부로 잡지 말아야지요." 하였는데 나를 숙연하게 하는 산옹의 한마디이었습니다. 그 우악하게 생긴 남자는 커다란 눈을 부라리면서 하는 말이 "난 그딴 말은 무슨 말인지 모르오. 그런 것은 잘난 사람들 앞에서나 하슈." 하는데 얼굴은 환하게 웃고 있었습니다.

그나저나 우리는 방생 호기 부리다가 주머니 다 털리게 되었지요. 내가 주머니를 다 터니 5만 원도 안 되고 산옹도 원래 빈털터리인지라 난감해하는데, 잠잠히 보고 있던 그 우악하게 생긴 남자가 내 손을 콱 잡는데 놀랐지요. 손아귀 심이 어찌나 세던지 손이 아파서 어쩔 줄을 모르는데 그자가 나를 똑바로 보더니 "스님! 내가 돈 받을 것 같소? 젊은 스님 들의 그 자비심에 감동했단 말이요. 저, 스님! '하나의 생명 에 하나의 천하가 있다'는 말에 내가 눈이 번쩍 뜨였소. 하여

간 내가 오늘 스님들 덕분에 유쾌했소. 내가 차라도 대접해
야 하겟소만 잘들 가시오." 하는데 그때 그 우악스럽게 생긴
남자가 부처님 같아 보였습니다.

금강 휴게소를 떠나오면서 산옹은 말합니다. "오늘도 내
일도 그들은 매일 여기서 낚시할 것인데, 언제까지 수많은
물고기의 생명을 구할 수 있겠어?" 말하는데 조금은 미안했
었습니다.

그래도 산옹과 나는 오늘은 겨우 밥값 했다면서 유쾌하게
웃는데 나를 힐끔 보며 말합니다. "노산, 다음부터는 남의
일에 참견하지 말고 사시오. 대지 위에 뭇 중생이 얽히기도
하고 설키기도 하여 굴러가는데 그것을 막겠다고? 어림없는
짓이오. 내가 오늘만 봐주는 것이요." 하는데 정말 산옹은
청산을 걷는 스님 같았습니다.

은어

작은 은어 한 마리
바다에서 강물을 헤엄쳐 오르며
산도 보고 친구들도 만나고 헤엄쳐
오르고 오르면 저 산천 어디인가
그가 태어난 고향 있으리니

금강에는 맑은 물 맑은 바람 일어
억수같이 쏟아지는 폭포수를 맞서
그 짊어진 하나의 빛 속에
하나의 생명이 태어나리라
은어의 가슴속에 천하가 있으니

8. 대장장이와 구두쇠

　그 옛날 예산 하면 신례원과 삽교역이 있어서 상당히 개명했다면 개명한 곳이지요. 예산과 당진은 들녘이 넓어서 부자가 많았습니다. 예산에서 황부자 하면 모르는 사람이 없었지요. 황씨 할아버지는 꽤 큰 정미소까지 운영하여 사람들 사이에 그야말로 예산 돈을 다 쓸어 담는다는 소문이 자자하였답니다. 황씨 할아버지는 매일 하는 것이 버려진 못이나 녹슨 쇳조각을 다 주워다가 궤짝에 일 년 내내 모아 그것을 대장간에 주고 낫이나 칼 같은 연장으로 대신 받아오기도 합니다. 그런 할아버지는 일찍이 구두라는 것을 신고 다니는 멋쟁이 할아버지이기도 하지요. 구한말 때 구두라는 혁신적인 신발이 들어왔는데 말이죠, 그것은 짚신이나 미투리 신고 다니던 조선인에게는 신기한 신일 뿐만 아니라 신발의 혁명입니다. 그리고 고무신도 나와서 그간의 짚신이나 미투리가 아주 볼품없어질 때였습니다.

황씨 할아버지가 구두를 오래 신고 다녔는데 구두 밑굽이 자꾸 닳는 것이었지요. 비싸게 주고 산 구두가 밑굽이 닳으면 구두를 새로 사야 하니 고민한 끝에 묘한 수가 생각났지요. 하루는 대장장이한테 구두 밑굽에 쇠를 박아주라는 것이었지요. 대장장이가 "할아버지, 그러지 마시고 구두 한 켤레 사 신으시지요." 해도 소용없었지요. 그래서 대장장이가 말굽에 박는 것이 생각나서 만든 것이 '구두쇠'라는 것이지요. 그렇게 해서 황씨 할아버지 구두에 징을 박아준 것이 최초라면 최초이지요. 그 후로는 황씨 할아버지는 구두쇠 어른이 되고 덕분에 대장장이는 여기저기서 구두쇠 주문이 쇄도하여 돈을 많이 벌었다고 합니다.

그래도 마음이 넉넉한 분이라서 매년 연말이면 자기 사는 동네는 물론이고 이웃 동네까지 수소문해서 땟거리가 없고 굶어 죽어가는 이들을 구하였지요. 설 떡쌀이 없는 집을 찾아서 쌀 서 말씩 주어 떡국을 끓여 먹도록 했답니다. 그런데 그 구두쇠 할아버지는 한 번도 시장 가서 혼자 국수 한 그릇 사 먹지 않았으며, 절약이 몸에 배었다고 하니 구두쇠 할아버지가 맞습니다. 옛날이나 오늘날이나 선행을 하는 사람은 어딘가 다르지요. 좋은 의미의 구두쇠가 어찌하여 나쁜 의미로 구두쇠가 되었는지는 알 수 없습니다.

온 국민이 떡국을 먹는 날이매
나이도 공평하게 먹을 수 있으리
아마 나이 먹는 것 불공평하면
염라왕도 탄핵받을 것이리니

9. 호리별천지壺裏別天地

호리병 속에 별천지가 있다? 하루는 나무꾼이 시장엘 갔다지요. 약을 파는 노인이 있었는데, 노인은 이 세상 사람과 달리 보였습니다. 그는 신선 같아 보였는데, 아주 특별한 광경을 보았답니다. 노인은 약을 팔다가 시장이 파하면 호리병 속으로 들어가는 것이었습니다. 이러한 광경을 보고 너무 신기하고 신기했지요.

나무꾼이 파시 후에 돌아오다가 비장방費長房이란 사람을 만나 이러한 이야기를 하였습니다. 그는 후한 사람으로 여남시의 한 직책을 맡고 있었다 하지요. 이 사람이 누각 위에서 노인을 지켜보고 있는데 파시하면 으레껏 병 속으로 들어가는 것을 보았다지요. 하루는 술과 안주를 가지고 가서 노인에게 절을 하니 노인이 눈치를 채고 그를 데리고 병 속으로 들어갔는데 그곳이 옥당玉堂이라는 곳이었답니다.

말 그대로 별천지이었습니다. 지금까지 보지도 듣지도 못한 신기한 세계가 있더라는 겁니다. 그는 병 속에서 나와 사람들에게 이렇게 말합니다. 정말 여러분들이 알 수 없는, 상상도 안 되는, 그런 세계가 있다. 말 그대로 별유천지였습니다. 경치는 빼어나서 이 세상에서는 볼 수 없는 세상이었습니다. 그리고 온갖 것 다 있었습니다. 그는 또 말하기를 거기 있는 사람들 또한 인간 세상의 사람들이 아니었답니다. 이를 후세 사람들이 호중천지壺中天地라 부르게 되었다지요.

요즘은 하도 세계의 속사정들이 너무 어렵고 복잡하여 알기가 어렵습니다. 호리병 속의 별천지가 있는 것이 아니라 지금 이 세계는 별천지입니다. 그야말로 없는 것이 없습니다. 하늘을 날고 우주를 갔다 오고, 화성까지 점령하였으니 인간은 말 그대로 신神입니다. 지구를 초토화시킬 수 있는

핵무기도 수만 발이나 준비되어 있습니다.

온갖 생각들과 온갖 속임수와 온갖 술수가 사람들을 현혹
하여 무엇 하고 있는지도 모르고 살지요. 그래도 그 노인이
있다면 꼭 보고 싶어집니다.

기欺

평생 속고 살았다
꿈에서 깨어보니
내가 나를 속이고 있었다.

10. 스님은 극락 갈 수 있습니까?

울진 북면은 강원도 접경이지요. 면 소재지만 시장은 제법 큰 동네입니다. 원전 지역이라서 그런지 동네가 말끔하고 생기도 납니다. 사람들이 정류장에 분주한 것으로 보아 도시 못지않습니다. 어떤 남자가 내 곁으로 와서 꾸뻑.

(······)

"시님요, 지가요, 뭐 물어볼 것이 쪼게 있심더. 괜찮지요?"

"예, 괜찮습니다."

"극락은 어떤 사람들이 갑니꺼?"

"그거야 갈 사람이 가겠지요!"

"지 같은 인간은 안 되겠지예?"

"누가 안 된다고 했습니까?"

"지 같은 인간은 죽일 놈이지요."

남자는 알코올이 들어갔는지 대낮부터 냄새 풀풀 풍기고 얼굴은 벌게가지고 혀도 꼬부라져서 횡설수설하였습니다.

"지는요, 죄를 많이 졌지요. 감옥도 여러 번 갔다 왔는데 부처님이 지 같은 놈 받아주겠심니꺼? 그리고 말이야 바른 말이지 죄 안 짓고 사는 놈 있십니꺼? 시님은 죄 안 짓고 사십니꺼? 말씀 좀 해보이소."

"신사 양반!"

"지는 신사 아닙니더. 무슨 얼어 죽을 신삽니꺼. 돈 많고 베슬 높은 사람들이 신사지예."

(……)

"그라고 또 하나 물어봅시다. 시님은 어디 댕기십니꺼? 보아하니 절도 없는 것 같은데 안 그렇습니꺼?"

"신사 양반!"

"신사 아니라 카니 그러네요."

"조금 전에 내게 무엇을 물었습니까?"

"뭐드라? 극락 말입니더."

"죄가 뭔지 아십니까?"

(……)

"모릅니더."

"자신이 누구인가를 알면 극락이 보입니다."

나는 이렇게 한참을 입씨름하다가 일어나 후포 쪽으로 천천히 걸었습니다. 그 남자는 내 등 뒤에다 대고 "중생들 지옥에 많을 겝니다. 중생 구제하시러 지옥으로 가세요." 나는 속으로 '그래, 내가 지옥 안 가면 누가 가겠나.' 하였지요. 저녁 낙조에 휘어진 후포 항구는 온통 저녁노을의 붉은 핏빛이어서 그 광경에 빠져 예까지 온 나를 설레게 합니다.

후포항 낙조

지는 해는
서산에 걸쳐 멈춰서
바다를 붉게 물들인다.
외로운 어선 한 척
저녁노을 잔해들을
파도에서 건져낸다.

11. 에밀레 신종神鐘

오래전에 이 산 저 산 떠돌아다니다가 용문사에 잠시 머물 때이었습니다. 지인인 교수가 찾아왔었지요. 그 친구는 별명이 골동품이었는데, 뭔가 오래됐다 싶으면 무조건 다 모아다가 집이나 학교 연구실에 가득 쌓아놓고 그 속에서 지내는 친구입니다. 중노릇하다가 환속하였는데 스스로 인간 세상으로 돌아왔다는 뜻으로 속환俗還이라고 말하는 교수이지요.

그날은 스님과 일반 모든 사람들을 대상으로 문화재 강의하는 날이었습니다. 나도 맨 끝자리에 자리 잡고 강의를 들는데, 정말 누구나 꼭 들어야 할 강의였습니다. 주로 그날은 불교 문화재의 동제품 이야기를 하는데 명강의이었지요. 나는 우리나라 문화재 중에 동제품이 저리 많았어? 하는 감탄을 하는데 다른 사람들도 아마 나와 같은 생각이었을 것입니다. 국보나 보물, 지방문화재까지 합치면 그 수가 어마어마합니다. 동불, 동종. 동으로 된 불기佛器들이 주를 이루는데 단연 으뜸이 불상이고, 다음이 종이라는 것이지요.

어느 날 경주 박물관에 간 적이 있었습니다. 박물관 마당에는 종각이 하나 있습니다. 종각은 바로 세상에서 가장 슬픈 이야기가 있는 종이지요. 바로 에밀레종입니다. 정식 이름은 성덕대왕신종이지요. 마침 방송국에서 종소리를 녹음하겠다고 하여 논의하던 중에 관장은 이런 이야기를 들려줍니다.

종소리 녹음은 새벽에 녹음해야 소리가 잘 나고 아름답다고 하는 것입니다. 그래서 다음 날 새벽 4시경에 녹음하기 시작하였지요. 나도 같이 참석하였는데 그 소리는 내가 들어본 소리로는 세상에서 가장 아름다운 소리였습니다. 천상의 소리이었지요. 마침 새벽에 실안개까지 계림에 내려앉아 종소리는 더욱 긴 여운을 남긴 시간이었습니다. 슬픈 기억을 간직한 종소리를 녹음하던 사람들도 모두 숙연하여 그 뭐라 할 수 없는 광경이었습니다.

에밀레종이 생기게 된 연유는 성덕왕의 발원이 담겨 있었다는 것이었지요. 경덕왕이 아버지 성덕대왕의 명복을 빌기 위하여 주조하려 하였으나 이루지 못하고 아들 혜공왕이 완성하였다고 하지요. 전설에는 종을 주조하는 데 한 번, 두 번, 세 번 계속 실패를 하여 종장鍾匠들이 모여 논의하는데, 종소리가 잘 나려면 정성이 있어야 한다, 그러자면 어린 동자를 제물로 바쳐야 한다는 것이었지요. 지금으로 보면 황당하겠지만 당시에는 그렇게 생각할 수도 있을 때입니다. 고대에는 순장이나 제장祭葬이 있을 때이니까요. 그렇게 하여 동자가 희생하였다는 전설이 있지요. 그런데 신비하게도 종을 쳐보니 에밀 에밀하면서 여운이 상당히 길고 아름답더라는 것이지요. 그래서 일명 에밀레종이 되었다는 것입니다.

종은 성덕사에 두고 아침저녁으로 종을 쳐 이어오다가 조선 세종 6년에 와서 영묘사에 옮겨졌는데, 그 후 홍수로 절이 떠내려가고 종만 남아 천덕꾸러기처럼 방치되었던 것은 조선이 불교를 멸시하였기 때문이었을 겁니다. 그러던 중 임진왜란이 났습니다. 왜인들이 당시 조선에 있는 그 수많은 보물들을 노략질해 가는 데 혈안이 되었던 것이지요. 그중에 성덕대왕신종은 영순위이었을 것입니다. 그러나 종이 19톤에 육박하는 엄청난 무게에 움직일 수가 없었지요. 결국 일본으로 반출하는 것은 포기하고, 다른 종을 가져가다가 그것도 영일만에 빠뜨려버리고 말았다는 전설도 있습니다.

에밀레종의 수수께끼는 지금도 풀지 못한다고 합니다. 그런 종을 만들 수 없다는 뜻이지요. 세상에서 가장 슬픈 이야기가 있는 종, 세상에서 가장 아름다운 종소리를 간직한 종, 우리 민족이 만들어낸 제일 아름다운 소리입니다. 1200년이라는 역사를 갖고 있고, 지금도 종을 쳐 소리를 낸다는 것은 세상에서 오직 하나뿐이라고 합니다. 성보 문화재가 절에 있지 못하고 박물관 마당 자락에 시멘트로 지은 종각 기둥에 매달려 자신의 아름다운 소리를 내지 못하고 묶여 있습니다.

에밀레종

고국古國 계림에
슬퍼도 너무 슬픈 이야기
천년 동안이나 품고
참아서 더 슬픈
말 못 할 이야기가 있습니다.

잊혀진 왕국
다시 살아난 그 울림
만년 동안 안고 갈
숨겨진 울음소리가 있습니다.

바라보면
너무나 슬픈 이야기들
산천에 떠돌다가
하늘을 가르고
은하수를 지납니다.

강산을 걷는 사람

2018.8.

12. 객승

얼마 전에 벽돌 폰이라는 것이 있었는데 단연 미제가 으뜸이었던 때입니다. 길을 가다 보면 커다란 벽돌 크기만 한 핸드폰을 들고 다니면 좀 있어 보이기까지 하였지요. 그러다가 금세 2000년을 넘어서더니 작은 폰이 나와 너도나도 들고 다닐 때였습니다.

객승이 내가 머물고 있는 절에 왔습니다. 아침 공양 중인데 한 스님 걸망에서 전화벨이 울렸지요. 다른 한 객스님이 그를 빤히 쳐다보더니 하는 말! "중이 핸드폰도 갖고 다니시네!" 하였는데 조금 이따가 빤히 쳐다보던 스님 누더기 옷 속에서 또 벨이 울립니다. 이번에는 그 유명한? 그렇지만 철이 많이 지난 그 벽돌 폰이라는 것을 꺼내었는데, 그다음이 문제였습니다. 밥상 앞이 뒤집어졌지요. "여보슈, 예. 예. 예. 그러니까 그게 뭣여, 그게 너무 무겁지요. 바꾼다는 것이 뭐냐 하면 똥구란 게 많이 등께, 아 여보슈. 사장님 공양 중인데 아~ 나중에, 예 예." 방금 들고 있는 폰 이야기 같았지요. 그런데 그것이 얼마나 우스꽝스러울 수가? 불과 10여 년 전의 일들입니다.

어느 날 도반을 찾아갔는데 커피를 내놓고 일장 연설을 합니다. 심장에 좋다고도 하고, 맛이 기가 막히다는 둥 커피 사랑이 대단했지요. 깊숙이 간직한 원두커피를 꺼내 정성껏 갈아 드립인가 뭔가라는 방식으로, 거품이 나야 한다며 하여간 그렇게 해서 커피 잔에 한 사발 부어주는데 난 도무지 알 수가 없었습니다.

"어이, 이거 죽 먹고는 못 들겠는데. 왜 이리 무거워?"

"원래 머그잔이 그래, 이 커피는 아주 비싼 것이야. 알고 나 마셔!" 하는 겁니다. 고양이가 익은 커피만을 따먹고 껍질은 소화되고 원두는 소화가 안 되어서 똥 싼 것을 씻어서 만든 커피라는 것이었지요. 그 순간 나는 커피 맛도 모르지만 곧 넘어올 것 같았지요. "그럼 이거 고양이 똥이잖아? 내가 고양이의 똥을 먹고 있는 것이야? 에이, 이 친구야."

그러니까 세상 사람들이 고양이 똥을 비싼 돈 주고 사 먹는다는 것인데, 상술도 이만하면 금메달감이지요. 돌아올 때 좋은 것이라면서 한 봉지 준 것을 남대천을 지나면서 빠뜨려버렸습니다.

아무렴, 내가 고양이 똥을 먹을 수야 있나요?

이상일태異象一態

겁劫 밖에 떠도는 그림자
그 속에 세상이 있다 했다
너와 나는 흩뿌려진 홀씨

아무리 보아도 알 수 없는 얼굴들
자세히 보면
너무나도 닮은 하나의 무영수

13. 광한루에서 신판 춘향전

춘향이가 살던 그 옛 시절은 아니지만 그래도 옛이라고 할 그런 때가 있었지요. 남원을 가는 들녘엔 벼가 한참 자랄 때인지라 온통 초록색의 물감을 확 쏟아부은 듯 산과 들이 모두 초록의 세상인데 이른 아침 엷은 안개가 화선지에 물감 번지듯 스멀스멀 번진 수채화 같았습니다. 남원 하면 금방이라도 목이 컬컬한 서도창 본고장답게 광한루에서 춘향가가 금방이라도 터져 나올 것 같았지요. 스케치하려고 크로키북 한 권 들고 무작정 남원을 갔는데 생각보다 도시화가 많이 이뤄진 남도 중부의 도시입니다. 우선 광한루를 찾아가니 커다란 연못가에 턱 버티고 있는 광한루가 한눈에 들어

왔는데요. 제일 멋진 것은 누각 주변에 100년도 넘었을 법한 능수버들 수십 그루가 관능미를 과시하는 녹색 치맛자락이 마치 봄바람의 흐느적거림과 어른거림으로 속을 슬쩍슬쩍 보여주는 듯 바람결에 흔들림이 사뭇 춘향이가 손짓하는 듯 합니다. 이럴 때는 넋을 잃고 바라보며 취해보는 것도 호강 이지요. 광한루에 오르니 풍광은 나의 생각을 뛰어넘는 남 도 제 일경一境이었습니다.

남도창唱 하면 이곳 남원 땅이지요. 동편제의 본고장인 이 곳의 남도창은 목이 쉬어 긁는 듯한, 그래서 막걸리를 한 사 발 들이켜야 제법일 것 같고, 소리꾼 목에 굵은 힘줄 팽창되 고, 얼굴엔 핏발이 서서 보는 사람들로 하여금 긴장케 하는 묘한 매력이 있지요. 어디서 왔는지 젊은 대학생들인 듯 청 춘들이 우르르 쏟아져 들어오고, 즉석에서 만담 같은 극劇이 펼쳐지는데요. 어설퍼 보였지만 한복 치마저고리 갖춰 입 고, 남자는 개량한복 차림으로 싸구려 부채 하나 들고 나타 났는데 연신 학생들은 까르르 웃음이 떠나지 않습니다.

춘향이 거동 보소~~

단양 절 소풍 나와 가슴 슬쩍 드러내고~

예쁜 걸음 차릴 적에~

굽이굽이 깊은 사랑 시냇가 수양버들

축 처지고 늘어진 사랑

글 읽던 이몽룡이 개구멍으로 기어 나와

옳거니 방자야 어서 가자

도련님 안 되지라. 아따 어디 간다요.

극판은 계속 이어졌습니다.

몽룡 도령 나가신다. 거만한 걸음으로 춘향이 그네 타는 앞에 서서 "니 이름이 무엇인고?"

"뉘신데 반말이오?" 하며 춘향이 분장한 한 학생 토라진다. 이때 향단이 척 하고 몽룡이 가로막고 나타나 "아니 되옵니다. 우리 아씨는 아무나 만나지 않사옵니다." 또 꺄르르륵 학생들 난리가 났지요. 그리고 향단이가 "몽룡님, 나 어때? 내가 우리 아씨보다 더 예쁘옵니다. 자세히 보옵소서. 서방님!" 또 학생들 웃어 죽는데 나도 한참 동안 웃느라고 눈물까지 났지요. 여기저기 구경꾼들은 몰려들고 학생들은 더욱 신이 납니다.

"안 된다. 일편단심 춘향이다."

"남자가 뭐 일편단심이야? 웃겨!"

학생들 속에서 "맞서라. 맞서라." 추임새를 넣는 것이 한두 번 해본 솜씨가 아니었습니다. "나, 향단이는요. 아씨 모시지만 다들 아씨보다 엄청 이쁘다고 하지라."

"야! 향단이 저리 가. 난 춘향이야!" 이몽룡이 성질내니 또 학생들은 대굴대굴 구르는데, 한 여학생이 관중석에서 엉덩짝 흔들어싸면서 뛰쳐나와 "저가 춘향이옵니다. 서방님!" 또 와르르, 배꼽 잡고 넘어지지요. 이때 이몽룡 역을 하던 학생이 지금까지 진지했던 것은 다 잊어버리고,

"야? 니는 안 돼."

"왜 안 되는데?"

"넌 인물이 좀 그래."

"나 정도면 니는 안 만나지! 내나 되니까 한번 봐주는 거야!"

"어째서?"

"나도 요조숙녀지라."

이때 한 여학생이 관중석에서 뛰쳐나오더니

"니는 빠져뿌러! 나가 몽룡이 꼬셔버릴랑께," 이몽룡 역

을 하는 학생이 앞으로 나서며 "야 니들 너무 빨리 나왔어. 다음 차례잖아?" 하여간 순서도 뒤바뀌고 누가 할 차례인지도 모르지만 여기저기서 웃음은 터져 나옵니다.

"어여 춘향이 이리 오랑께." 이때 춘향이가 수줍음을 떨어쌌는디, 아까 뛰쳐나온 학생이 배시시 웃어싸면서 오라는 시늉을 하고는 하는 말이 걸작이었지요.

"나가 말할 것 같으면 춘향아씨는 애호박이고, 난 애오이거든." 이몽룡이 "애호박은 뭐고 애오이는 뭔데?"

"응, 그건 말이다. 그건? 몽룡이 니가 알아서 해석해봐! 몽룡 서방님!" 와 와 맞서라. 주변 구경꾼까지 모두 뒤로 나자빠졌지요. 잘해보더랑께. 여기저기에서 소리친다. 미치 서도창에 추임새 넣는 듯 잘도 장단 맞춘다는 생각이 들었지요. 저쪽에서 교수인 듯한 한 사람이 미소를 지으면서 이것저것 살피고 지시하기도 하였습니다.

일순간 '아, 여기가 바로 남원 땅이구나.' 하면서 나는 이 땅의 핫한 젊은 청춘들 모두가 이몽룡이요, 춘향과 향단이며 방자들 아닌가 하는 생각을 하며 자리에서 일어났습니다. 혼자 걷는데 계속 웃음이 납니다. 남원 시내를 휘어 감고 흐르는 냇가 둑을 걸으면서 남원이라는 고장이 더없이 좋아졌습니다. 조금 전에 봤던 이 고장의 춘향이와 이몽룡이는 한국에서 가장 멋진 청춘남녀이며, 이런 유쾌한 청춘들이 더 많아지기를 바라지요. 남원에 스케치 여행 왔다가 세상 사는 사람 속의 "이야기 스케치"가 됐습니다.

인생이라는 강

넘어지고 넘어져 가다가
매양 어지러워도 세월 간다

광한루 난간에 서서
바람에 휘날리는 능수 버들가지처럼
모두는 휘청거리며 간다

저만치 가다가
화창한 봄날 강둑에 자라는 누운 풀들
물이 넘쳐흐르는 강둑을 지킨다

14. 처용무處容舞

　오전 내내 실컷 자고 나서 폰을 보니 만성에게서 전화가 여러 통 와 있었습니다. 무슨 일일까? 궁금하여 전화하니 다급한 목소리로 당장 울산에 오라는 것이었지요. 무슨 일이 있는가? 라고 물으니 꼭 무슨 일이 있어야 하는 거냐며 세상사는 모두가 생각하지 않았던 일들로 만나지고 헤어지는 것이니, 오늘 당장 오라며 스님이 좋아할 만한 분이 미국에서 와 있다는 것이었지요. 그리고 늘 그랬듯이 전화를 툭 끊어 버리지요.

　어허! 내 참 무슨 일이야, 그리고 울산 어디로 오라는 거

야? 하는 찰나에 또 전화가 왔지요. 망해사로 오시오, 하고
는 또 끊어버렸지요. 하기야 만성당이 어디 한두 번 그러는
것도 아니고 자기 할 말만 끝나면 되는 사람이니, 바쁘면 자
기가 오겠지 하고는 오후에 늘어지게 또 한숨 잠자고 있는데
이번에는 문자가 날아들었습니다. 미국 한인 교포 3세 고대
언어학자라며 '헤일리 킴'이란 교수가 왔는데 노산을 꼭 만
났으면 한다는 것이었지요. 고대 언어학자가 나같이 언어문
자의 문외한한테? 궁금하면서도 호기심으로 망해사로 갔지
요. 마침 저녁 공양하고 있었는데 먹는 밥상에 수저 하나 얹
어주라 하여 같이 저녁을 하고 만성의 소개로 그 헤일리 킴
이라는 교수를 소개받았지요. 인물이 준수하여 대번 호감이
가는 것이었습니다. 한국 사람들은 만나면 소위 관등성명을
읊고 나서야 이야기가 됩니다. 말하자면 뭐 상대를 인지할
수 있는 최소한의 인물 스케치 같은 것이지요.

   헤일리 킴이라는 교수는 미국 뉴욕 주립대 인류언어 연구
원 교수로 재직 중이구요, 할아버지가 미국 이주 1세대, 아
버지는 백인으로 덴마크계이고, 어머니는 한국계이니 동서
양이 합친 혈맥의 관계라 할 수 있지요. 그리고 본인의 처는

또 한국계이니 그는 세계인이라 할 수 있습니다. 이것은 헤일리 교수가 스스로 자신을 소개한 말이었습니다.

서울 유수 대학교 교환교수로 수년째 있으며 주로 몽골어와 한국어, 말갈어, 고대 만주 지역 언어들을 연구 대상으로 한다는 것이었지요. 역시 언어학자답게 한국말은 국어학자로 활동해도 될 정도였습니다. 중국어와 몽골어도 다 능통하니 과연 언어의 천재입니다. 만성은 이렇게 말하였지요. 서울 모 대학에서 한국 고대 창唱에 대하여 강의하는데 소개받았다는 것이었지요. 물론 만성은 서도창이나 남도창 또는 남도잡가라고도 하는 옛 우리 창가에 관한 한 대가라 할 수 있습니다. 그가 쓴 논문들은 모두 원작으로 인용 횟수만 수백에 달할 정도이니 헤일리 교수가 꼭 만나야 할 사람은 만성인 것 같았습니다. 헤일리 교수가 말하는 중에 그는 고대 만주어나 고구려 언어들은 물론 모두 같은 계열이며 어떤 언어는 하나의 소리와 하나의 같은 뜻을 갖고 있는 것도 밝혀냈다는 겁니다. 그 언어는 지금 한국어의 모태라고 단언할 수 있다는 말에 조금은 나도 호감이 가고 흥분되었었지요. 헤일리 교수가 조사한 고대 언어, 소위 "동북아시아의 고대 언어 연구"라는 제목으로 "세계 언어학회지"에 실린다는 것입니다. 그러니까 만성이 나를 고대 역사에 관심 있다고 하며 역사나 언어에 무식꾼인 나 같은 중을 끌어들인 것이었지요.

만성이 전통 발효차로 차를 내와 음미하면서 해박한 언어학 대가의 강의를 밤이 그윽하도록 들으며, 그 의미와 뜻을 이해하려 애썼지요. 헤일리 교수는 뜻밖에도 이곳의 절, 망해사를 말하는데, 정확히 꿰고 있었습니다. 서양에서 온 어학자의 언변에 놀라고, 망해사에 얽힌 이야기며 처용에 대해서도 멋진 강의를 들을 수 있었습니다.

다음 날 우리들은 진하鎭下로 흐르는 회야강을 따라 신라 49대 헌강왕이 다녀갔을 개운포와 진하 해변까지 갔지요. 오후 3시나 됐을까, 저 멀리 바다에서 폭풍 모래바람 무더기 같은 해무海霧가 일더니 점점 해변 쪽으로 다가와 바닷가를 덮쳐옵니다. 그야말로 앞이 10미터도 안 보일 정도였지요. 금방 눈앞에 보이던 건물이며 산이며 온갖 경계가 뚝 끊어진 것이었습니다. 절망絶望, 앞이 끊어진 경계가 눈앞에서 벌어졌습니다. 금방이라도 용이 바다에서 솟구쳐오를 듯? 아무

튼 두렵기까지 하였습니다. 바닷가에 살아보지 못한 사람은 해무가 어떤 것인지 알지 못할 것이지요. 멀리 나갔던 배들은 오직 뱃고동 소리 하나로 자신의 위치를 알리느라고 뱃고동 소리가 여기저기에서 들립니다. 뜻하지 못한 광경이었지요. 킴 박사도 놀라면서도 무엇인가 알아냈다는 것 같은 미소를 지으며, "아하, 이것입니다. 바로 그때도 오늘처럼 해무가 왕의 행차를 덮친 것이었지요. 그 시절에는 이것을 용의 짓이라든가 어떤 신비한 존재의 짓으로 생각했을 것이지요. 그래서 처용이라는 무속인이 왕과 모인 대중을 상대로 자신의 능력 같은 것을 보여주고 싶었던 것이지요. 또 이방인을 등장시켜 그의 춤사위를 처용무라 하여 귀신을 쫓고 왕가의 안녕을 비는 그런 행사로 발전되었을 것으로 짐작하지요." 하며 헤일리 교수는 흥분한 상태였습니다. 그러면서 그는 너울너울 춤을 추면서 이렇게 처용가를 읊어대는 것이었지요.

오늘 같은 한낮에
날이 새도록 노니다가
밤이 지새도록 노니다가

님들과 함께 춤을 추네

춤을 추네 처용이 춤추네…….

　즉석 처용가를 지어 부르며 춤추는 그의 모습은 어쩌면 당시 페르시아 왕자가 새로 환생하여 이 자리에서 춤을 추는 것을 보는 듯하였습니다. 이때 만성이 서도창의 곡조로 즉석 작사 작곡을 하여 깊고 길게 그리고 구성지게 읊어대는데 헤일리는 알았다는 듯 너울너울 춤사위를 보여주는데 안개 속에서 춤추는 모습은 마치 빛바랜 오래된 흑백사진을 보는 듯하였습니다. 나는 팔짱을 끼고 그들의 춤을 구경하면서 묘한 기분이 들었습니다. 해무가 깊게 드리운 속에서 그곳에서 구경하던 사람들도 그중에 어떤 사람은 함께 어우러지는 것이었지요.

　이때 안개가 자욱한 바다 저편에서 처용處容이 어른거리며 나타났다가는 지워지고 나타나는 듯하다가는 지워지기도 하였습니다. 해무가 조금씩 걷히면서 한바탕의 굿판은 끝나고 우리들은 다시 망해사로 돌아오면서 방금 일어났던 것들을 음미하고 고대 이 땅에 살았던 선조들이 어쩌면 오늘을 살고 있는 우리 자신들이 아닐까 하였지요. 헤일리 킴은 내 손을 몇 번씩이나 잡고 스님 오늘 정말 좋았습니다, 하면서 이제 우리들의 언어를 찾아, 한민족 뿌리 찾아 언어 지도를 만들 생각이라는 말을 몇 번씩 하는 것이었지요.

오늘 살고 있는 나는
과거의 그일까
윤회전생으로 환생한
그 한 사람

15. 쇠지팡이 이현李玄

송나라 때 이야기인데요. 중국 태산 아랫마을에 도道 닦는 이가 있었다 하지요. 이현이라는 도인이 제자를 하나를 두었는데 이 사람 이름은 노개자盧芥者였답니다. 스승 밑에서 십여 년 공부했는데, 하루는 스승 이현이 말하길 나는 옥황상제를 뵙고 올 테니, 너는 내 육신을 잘 지키고 있어라, 하고 몸은 둔 채로 하늘나라 옥황상제를 뵈러 갔다네요. 그런데 깜박 잊고 언제 온다는 말을 안 남기고 간 겁니다. 그런데 큰일이 생겼지요. 노개자의 집에서 연락이 오기를 어머니가 돌아가셨으니 너는 빨리 집으로 돌아오라는 겁니다.

노개자는 난관에 봉착했지요. 선생님이 언제 올지도 모르는데, 어머니 장례를 안 치를 수는 없지요. 스승을 집에 놔두고 가면 누가 와서 훼손할까 봐 전전긍긍하는데, 마침 이웃에 도 닦는 도인이 하나 더 있었는데 장가네라고 하지요. 장가네도 도 닦는 이인데 하루는 정定에 들어서 살피니 이현이 몰래 옥황상제한테 간 것을 알아차렸지요. 꿍심이 생겼습니다. 그런데 말이죠. 장가네와 이현은 세상에 둘도 없는 절친처럼 살았다고 하는데 말이지요. 이럴 때 내가 천하제일 도인이 돼야 하겠다는 욕심이 생긴 겁니다. 장가네가 이현의 집에 가니 제자 노개자 혼자 있었지요. 노개자가 장가네를 보고 말하기를 어머니 장례를 시내고 와야 할 텐데, 스승님이 걱정이라고 털어놨지요. 장가네가 말하길 내가 이현을 지켜줄 테니 가서 어머니 장례를 잘 모셔라, 하고는 이현의 사대를 살펴보고는 말하기를 "너의 스승은 떠난 지 얼마나 되었는가?"

"오늘로 7일째입니다."

"언제 온다고 하고 갔느냐?"

"아마 열흘 후에는 오신다 했습니다."

"자네 모친이 돌아가신 지가 얼마나 됐나."

"어제입니다."

"낼 모래 장례 모셔야 되지 않느냐?"

"그렇습니다."

"내가 보기에는 이현은 와도 소용없다."

"무슨 일이 있습니까?"

"살펴보니 이미 죽었다. 오늘 중으로 화장해서 장례 지내고 집으로 가라."

노개자는 장가네 말만 듣고 화장해 산에 흩고 고향으로 떠났다지요. 이현이 돌아와 보니 자신의 몸이 없어진 겁니다. 낭패입니다. 장가네를 찾으니 장가네는 숨고 나타나질 않는 겁니다. 이현은 역시 장가놈 고놈이었어. 고놈이 나를 절친이니 뭐니 감언이설로 나를 안심시키고는 이런 짓을 했어. 고놈 장가네를 찾아야 해, 하고 사방팔방으로 찾아도 보이지 않는 겁니다. 어느 도인말로는 쌍산 절두곡으로 갔다 하고, 어느 도인은 그가 어제 절해고도에 간다 하고, 또 어느 도인은 그가 아마도 옥황상제를 만난다고 하고 갔다 하는데, 도무지 종잡을 수가 없었지요. 도인이라 해도 용심을 쓰는 것을 보면 마음이 삐뚤어진 것이 틀림없습니다.

이현李玄은 궁리 끝에 하는 수 없지, 우선 몸을 얻고 보자, 하고는 금방 죽은 시신을 찾아 중원을 뒤졌는데 어떤 젊은이가 죽어 있었는데 우선 아무 데라도 의탁하여 육신을 얻고 보자 하였다 하지요. 머리는 봉두난발이요. 얼굴은 못생기고 게다가 다리까지 절름발이지만 어떡합니까. 하는 수 없지요.

이현이 주문을 외우니, 몸을 금방 바꿔 봉두난발인 그 사람으로 살아난 것입니다. 이현은 그 길로 쇠지팡이 짚고 산천을 유람하면서 사람들에게 말하기를 여러분 몸이야 조금 못생기면 어떻습니까, 하고는 사람들을 만나면 아예 옥황상제 따위는 없으니 천상에 갈 생각은 말라 하며 열심히 살라 하는데, 그가 집에 당도하면 모든 귀신과 역병까지도 도망갔다 합니다. 후에 사람들이 그를 일러 말하기를 쇠지팡이 이현이라 했다지요.

이현이 스스로 말하기를 아무리 어려워도 살아 있어야 한다. 절름발이면 어떻고, 못생기면 어떠랴. 봉두난발에 쇠지팡이라도 내 몸은 내 존재라 했다지요. 그러고 보니 요즈음 산에 가면 모두가 쇠지팡이를 잡고 다니는 것을 보니 모두가 옥황상제를 뵙고 온 이들이 환생한 것은 아닐까요?

몸 있고 마음 있을까

마음 있고 몸 있을까

몸도 마음도 모두 거짓

한 생각으로 세상을 만들고

한 생각으로 멸한다

그러다 황천강黃川江에 떨어지지 말길

16. 복사꽃이 보고 싶다

　도 닦는다는 대감이 방 안에서 글을 읽고 있었는데요. 머슴이 마당에서 비질을 하다가 하는 말이 "백 년 동안 글을 억천 번 읽은들 진리가 있을까. 마차 바큇살 하나 펠 줄도 모르잖는가?"

　대감이 이 말을 듣고 "너 지금 뭐라고 했느냐?" 머슴이 말하기를 "글은 글일 뿐, 글이 진리는 아닌 것 같아서 혼자 해본 말이 옵니다." 하였는데, 대감이 곰곰이 생각하다가 머슴을 골탕 먹여야겠다 하고 생각해낸 것이 있었다지요.

　하루는 대감이 창문을 열고 밖을 보니 눈발이 날리고 있었는데, 눈을 쓸고 있던 머슴을 불러 "요즈음 울적한 마음에 내가 복사꽃이 보고 싶으니 꽃을 가져와라." 하였답니다.

"대감님! 아직 복사꽃이 필 때가 안 되었지요." 그러자 대감이 혀를 차며 이렇게 말했다 합니다.

"야, 이놈아! 작년에도 꽃을 피우고, 그 작년에도 피웠고, 오는 봄에도 꽃은 분명 피워낼 것 아니냐. 추우니 꽃을 나무 속에 감추었다가 봄이 되면 피워내지 않겠느냐? 어서 가서 복사꽃 나무 한 그루 베어 꽃을 찾아오거라." 예, 하고는 머슴이 머리를 갸웃거리며 뜰 앞에 수십 년 동안 서 있던 복사꽃 나무를 베면서 혼잣말로 "거참, 영감탱이 많이 아는 줄 알았더니만 어리석음이 따로 없구나." 하고 나무를 베면서 나무 속에 꽃이 들어 있단 말은 내가 들어본 적이 없다, 하며 복사꽃 나무를 베었지요. 역시 꽃이 있을 리 없었습니다. 영감이 하는 말이 "아마 추우니 뿌리 속에 감추었을 것이니 뿌리까지 캐어보아라." 머슴이 뿌리를 캐어내 조각내봤지만 역시 뿌리에서도 꽃을 찾지 못했지요. 대감이 말하기를 "거참, 희한한 일이로구나. 분명 그러면 꽃은 어디에 숨겨두었단 말이냐?" 머슴이 말합니다. "봄바람 불면 아마도 꽃 소식을 전하니 봄바람 속에 있겠지요. 그 봄바람은 모든 초목들이 꽃을 피워내니 아마도 봄바람이 그 꽃을 갖고 있지 않을까요?" 했답니다.

해마다 우리 동네에
봄바람 기다리지 않아도
춘삼월 달빛 휘영청 밝아오면
복사꽃
나비가 되어 날아오지요

그림자 없는 나무

17. 무등산 경기장에 울려 퍼진 목포의 눈물

아주 오래전 가을이었습니다. 광주에 있는 도반이 잠시 왔다 가라 해서 가는데 차창 밖 들판에 펼쳐진 풍경은 가을의 진경을 보는 듯했습니다. 가을 단풍이 아무리 좋다 해도 들판에 벼가 익어가는 풍경에는 비교가 안 되지요. 나는 달리는 차 안 창가에서 턱을 괴고 정신없이 아득한 시골의 가을을 감상하고 있는데 저 멀리 하늘가에 기러기가 줄지어 남으로 날아가기도 합니다. 해 질 무렵 광주에 도착하니 도반 혜송 스님이 마중 나와 시간 다 됐다며 다짜고짜 날 끌고 무등산 야구 경기장에 갔습니다.

"뭐 좋은 경기인가?" 퉁명스럽게 물으니,

"아니야. 난 야구 보러 가는 게 아니야." 하였는데 이미 경기는 시작되어 야구장 열기는 후끈했지요. 호남을 대표하는 유명 팀과 영남을 대표하는 유명한 팀이 하는 경기였지요. 이 친구는 운동이라 하면 젤 싫어하는 친구가 야구장엘 다 가다니?

야구는 몇 타임 이르도록 양 팀이 팽팽히 맞서서 좀처럼 점수가 나오지 않아 응원석도 열기가 살아나지 않는데 몇 회인가? 치고 달리고 하는데 그 열기는 대단하였지요. 함성은 경기장이 무너질까 걱정할 정도이었습니다. 난 야구를 볼 줄 몰라 지루하기만 해서 하품하고 있는데, 난데없이 관중은 이난영의 〈목포의 눈물〉을 합창합니다. 그야말로 야구장이 허공 어디론가 둥둥 떠다니는 느낌이었습니다. 이상하지요. 그 노래 가사나 곡조는 유쾌한 노래가 아니지요. 애절하고 슬픈 노래를 야구장에서 왜 불러야 하지? 난 노랫소리는 들리지 않고 계속 내 머릿속에서는 물음표만 따라다녔지요. 하여간 그 노래는 경기가 끝날 때까지 계속되었습니다. 경기는 끝나고 모든 사람들이 밖으로 쏟아져 나오는데 그 광경도 구경이라면 구경거리였지요. 이 친구는 싱글벙글하면서

"잘 봤어? 잘 봤어?" 하는데 난 도무지 뭘 잘 봤느냐는 것인
지 아리송하였지요.

"혜송 스님, 야구 좋아해?"

"아니."

"그럼 왜 야구장에 와?"

"노산에게 보여주고 싶었지."

"뭘?"

"야구장 풍경 감상 한번 해보라고."

밑도 끝도 없이 말을 하고는 배고프다며 저녁 하러 가자
면서 시내 어느 골목집에 들어갔지요. 이미 식당은 문을 닫
기 직전이었습니다.

"누님, 밥 있어라?"

"이게 누구여? 동상 아녀? 근디 왜 늦게 왔어라? 우짤까
잉 찬이 없을 튼디."

"괜찮서라. 내 도반 스님여요. 어서 인사하셔, 내가 제일
좋아하는 친구 스님잉께 잘 해드려야 혀요."

"스님 반갑서라. 어서 들어가쇼잉."

"혜송 스님! 친가 누님이요?"

"아니."

"누님이라며?"

"아. 그냥 그렇게 불러. 형 아우하고."

"그래도 그렇지. 스님하고 신도하고 누님 성님 하는 것은 좀 이상하잖아?"

"아 참나. 신경 쓰지 말어, 여긴 그렇게 혀."

혜송 스님은 아무런 느낌 없이 말해버리고 벌러덩 누우면서 하는 말이……

"근데 노산! 느낌 없어?"

"뭘?"

"아까 야구장?"

"음…… 뭐랄까? 이승은 아니지!"

"그게 무슨? 저승이란 말여?"

"이승도 저승도 아닌 절규 같은 거 그런 거 있잖아?"

"이 세상의 노래로 들린 것이 아니라 지난 세월 빛바랜 사진 속 이난영의 슬픔과 눈물이 뒤섞이고, 5·18 광주의 분노 뭐 이런저런 풍광들이 얼비쳐 보였지. 다친 상처의 딱지가 계속 아물지 않고 도져 아픔을 호소하는 듯 보였단 말이야."

혜송은 벌떡 일어나서 "어찌 알았어? 역시 노산이야." 하는데 추켜세우는 건지 뭔지 내참!

"사공의 뱃노래 아롱거리며~~~~"

〈목포의 눈물〉 노랫소리는 진득한 액체처럼 스멀스멀 온 시내로 흘러내려 그것이 순식간에 기화氣化되어서 사람들을 취하게 하는 마약 같아 보였다. 광주 사람들이 노래를 목이 터져라 불러대는 속내는 자신들이 전두환 군사정부에 짓밟혔다는 분노 같은 것, 영남이 주축이 된 정권에 늘 소외되었다는 감정들이 뒤섞여 있는지도 모른다. 그래서 〈목포의 눈물〉로 터져 나오는 것이 아닐까. 부산 야구장에서 부르는 〈부산 갈매기〉는 광주의 〈목포의 눈물〉로 대칭되는 것처럼 보이고, 야구장이라는 큰 마당에서 흘러내리는 광주의 눈물이 얼룩으로 번져 스스로 아픔을 치유하려고 함은 아닐까? 목포의 눈물은 하나의 내림 씻김굿판의 주문 같았다. 그들은 그렇게 스스로에게 주문을 걸어 취하고 싶은 것은 아닐까?

"노산, 난 언젠가부터 알 수 없는 이 고장의 슬픔과 애환이란 것이 뭘까 고민했었거든! 지금도 지워지지 않는 진한 아픔의 얼룩을 우리는 깨끗이 씻어내야 할 의무가 있어." 둘이는 나라를 구하는 의사義士라도 된 듯 지난 역사를 들춰내며 구제해야 하는 의무가 있다고 씨잘데기 없는 얘기를 밤을 꼬박 새워가며 했지요.

하늘을 나는 새

흐느끼며 저 달 바라보매
해 뜨는 들녘엔
이슬 밝힌 달은 이지러지고
저 멀리 흰 구름 떠간 언저리
사뭇 끼욱꺼리며 나는 새 한 마리
아직 앉을 자리 찾지 못하는가

18. 법흥사法興寺에서 만난 노승

아주 오래전이었지요. 처음으로 선원에서 한 철을 나고 '듣는 것보다 보는 것이 낫고, 보는 것보다 행하는 것이 낫다.'라는 은사스님의 말씀을 새기며 무작정 나섰지요. 처음에 당도했던 곳이 사자산 법흥사였습니다. 당시 도량은 황량하기 그지없고 법당과 요사 몇 채가 전부인 절이었습니다. 산문에 들어서니 신선함과 어떤 신비로운 기운 같은 것을 느끼기도 하였습니다. 나는 이 스님 저 스님 붙들고 불사리탑은 어디 있는가라고 물으려 해도 스님들은 모두가 묵언이라는 작은 표착을 목에 걸고 있어서 답을 들을 수 없었습니다. 지객스님이 객실 하나를 내줘서 쉬게 되었는데 조금 있으니 객이라며 노스님 한 분과 함께 쉬라고 하고 갔는데, 노스님이 몹시 앓아 밤새 기침을 하고, 열도 나, 나는 주지실에 가서 약이 있는가 라고 물어도 약은 없고 녹차 한 봉지 얻어와 찻물을 정성껏 우려내드리며 밤을 꼬박 새웠는데, 다음 날 노스님은 "살 만하네, 자네 덕분에 살았구먼." 하면서 나 보고 여기에서 한 3일 있으면서 자신을 간병해달라 하는 것이었지요. 나는 딱히 바쁠 일도 없고 3개월 유행하기로 하였으니 그리하겠다고 하였습니다.

그다음 날도 역시 약을 구해와 드렸는데도 스님은 차도가 없고 콜록콜록 밤을 꼬박 새우니 이러다가 스님 돌아가시겠다는 생각이 되어 큰 병원에서 치료하시라고 하니, 나는 돈도 없고 시자도 없으니 차라리 이곳 부처님 사리 모신 곳에서 죽어야 좋지 않겠는가 라고 하며 안 가는 것이 아니라 못간다 하니 나는 영락없이 노스님 간병인이 되었습니다.

노스님은 낮에는 멀쩡하고 밤에는 금방이라도 돌아가실 것 같으니 참 이상한 병도 다 있구나 했습니다. 1주일인가 얼마인가 모르지만 그렇게 간병해드리고 나서 저는 떠나야 하겠습니다 하니 노스님은 "야, 이 사람아. 아픈 늙은이를 두고 인정도 없이 떠난다고? 그리고 자네 부처님 사리 어디 있는 줄이나 알아?" 하는 것이었지요. "여기까지 와서 부처님 사리도 못 뵙고 간다면 뭐 하러 왔어."

"스님들 다 모르신다 하잖아요?"

"왜 나에게는 묻지 않는가?"

"스님은 아십니까?"

"알지."

"어디 있는데요?" 너무 반가워서 빨리 알려달라고 하는데,

"저어기 산, 그곳에 모셨지. 아무나 못 가." 그러면서 또 기침을 하면서 "며칠 여기 더 있다가 나는 제천 갈 것이니 자넨 그때 떠나도 되네."

"제천이 어디 있는데요?"

"제천帝天은 제석천이지. 어디긴 어디야!" 하는데 나는 그냥 웃었지요. 헛소리하는 노객 정도로 생각했습니다.

다음 날 노스님은 내 손을 잡고 산에 오르는데 나보다 더 잘 오르는 것이었습니다.

"스님, 왜 그렇게 잘 가세요?"

"야 이 사람아, 어서 따라오게. 산 정상까진 안 가, 못 가지." 그렇게 1시간가량 오르니 사자산 병풍바위가 마치 네 마리 사자가 금방이라도 뛰쳐나올 것 같은 형상이어서 정말 위용이 있는 바위산이었습니다.

"노스님 법명이 어찌 되시는지요?"

"내 법명? 자장이라고 해."

"자장 스님? 신라시대 자장 스님과 같은 법명이시네요?"

"그런 셈이지."

"은사스님은요?"

"열반하셨지."

"언제요?"

"아 고놈 참 꼬치꼬치 잘도 물어쌌네."

"천년하고도 수백 년도 더 돼!"

(……?)

그때 나는 크게 웃을 뻔하였습니다. 이 노스님, 아니 자장 스님 뻥이 세구나 싶었습니다. 난 웃음을 억지로 참으면서

"그럼 자장 스님, 문수보살은 친견했어요?"

"못했지, 그러니까 뭐냐 하면……."

(……)

"아 참, 내가 여기 온 것은 부처님 진신사리 모신 곳 가르쳐주려고 온 것 아니냐?" 하시고 얼버무리는 것이었습니다. 그리고 지팡이로 사자바위 넷을 가리키면서 "저 바위 어딘가에 모셨지. 도둑이 접근 못 하게 말이야. 그 사자바위 어딘가에 분명하고 분명하게 부처님 진신사리가 있는 곳이야. 거기에 있어. 내가 자네에게만 가르쳐주는 게야." 내가 더 묻기도 전에 스님은 춥다면서 산을 내려가자고 하여 산을 내려오니 노스님이 오늘은 살 만하네, 일찍 잠세, 하시고는 초저녁에 일찍 깊은 잠이 들었는데 새벽에 깨어보니 노스님이 안 계시는 거였지요. 노스님을 보았느냐고 대중 스님들에게 물어도 다들 묵언 중이라서 말은 못 하고 나를 이상한 눈으로 바라보는 것이지요. 아침 공양 시간이 되어도 노스님이 어디로 갔는지 알 수 없었습니다. 방에는 지팡이도 없고, 신도 없고, 아무것도 없는데, 상 위에는 나무로 깎은 승상僧像만 하나 있는 것이었습니다.

법흥사 주지스님은 객스님도, 더욱이 자장 스님이라는 노승도 오지 않았다는 것입니다. 날 보고 스님이 몸이 아프다면서 차도 가져가고 했다는 것이지요. 그리고 스님이 여기

온 지가 벌써 한 달 가까이 되었다고 하는데 나도 모를 일이었습니다. 나는 산을 내려오며 자장이라는 노스님을 도저히 잊을 수가 없었습니다. 걸으면서 참 이상하다, 자신을 돌아보니 삶이란 모두가 아지랑이와 같은 놀음인 것을 알게 되었습니다. 그리고 멀리 사자산 넷의 병풍바위를 바라보니 그 바위들은 부처님 진신사리 사자대탑이었습니다.

擧頭仰見 出獅子　거두앙견 출사자
一二三四 何處眞　일이삼사 하처진
慈藏諭示 老山覺　자장유시 노산각
遊行歸家 走天舞　유행귀가 주천무

멀리 바라보니 사자바위 튀어나올 듯
하나, 둘, 셋, 넷, 어느 곳이 진신탑인가.
자장 스님 가르침에 노산이 알아차려
돌아오며 뛸 듯이 춤춘다네.

19. 낚시하는 노인의 한마디

요즘 나는 딱히 할 일 없어 산천이나 한번 구경할까 하다가 어느 날 스틱 하나 들고 나왔습니다.

영해 고래불 해변은 1킬로미터도 넘을 듯 긴 해변입니다. 탁 트인 해변을 보는 것만으로도 눈이 호강이지요. 푸른 물결이 출렁이는 해변, 하얀 모래사장은 보는 사람으로 하여금 시선을 사로잡습니다. 나는 넋을 놓고 지나는데 난데없이 품바꾼들이 바닷가에서 난장을 치고 있었지요. 사실 구경 중에 공짜 구경만큼 좋은 것도 없습니다. 나는 바쁠 일도 없고 품바꾼들 뒤를 졸졸 따라다니는데, 한 품바가 내 앞에 마이크를 내미는 것입니다.

이게 뭐야? 그러나 뭘 알아야 면장을 하지요. 무슨 각설을 풀어야 할지 몰라 사양하는데 이 품바는 눈을 흘기며 이빨까지 드러내 보이는데 당신 한 소절 안 하면 끝장날 줄 알라는 듯한 눈빛이었지요. 나는 잔뜩 주눅 들어있는데 여자 품바가 내 앞에 오더니 중님! 아니 시님, 그거 있잖여? 염불, 염불 한번 풀어보더라고 하며 박장대소하니 모두가 박수가 터집니다. 아이쿠 구경도 골라서 하여야지 잘못하다가는 망신하기 십상이지요. 사실 염불해본 지도 오래되어서 다 까먹었는데 모른다고 하면 그렇고 반야심경을 외니, 품바가 중단시키며, 아 고것은 쫌 고렇고만요. 우리들도 아는 것이니께, 다른 것 해보더라고. 그래서 이번에는 '정구업 진언 수리수리 마하수리' 하는데, 또 중단시킵니다. 아 시님, 고것도 알아부러요. 이번에는 천수다라니, '신묘장구 대다라니 나모라 다나다라 야야남막알야 바로기제~' 이렇게 한 편을 외는데 중간에서 잊어버려 아무리 외우고 또 외워도 끝이 나지 않는 것이었지요. 그리고 품바꾼들은 영문도 모르고 연신 춤추고, 북 장구 치고 나도 절로 흥거워서 춤을 추는데 난생처음 추는 춤을 생면부지의 품바들과 한바탕 고래불 해변에서 소동을 피웠던 일도 있었습니다.

다시 얼마 동안 남쪽을 향해 걸어가니 블루로드란 팻말이 나옵니다. 머물 곳 없는 곳에 머물지 않고 머물 곳 있는 곳에도 머물지 않고, 그렇게 머무름 없는 시간여행 같은 것, 모든 것을 놓고 바라보는 것. 이런 것이 마음의 여행입니다. 그렇게 천천히 걷다가 보니 눈에 들어오는 마을이 있었습니다. 야! 여기 어디야? 석동 마을입니다. 잘생긴 펜션도 몇 있고, 바다가 한눈에 들어왔습니다. 검푸른 바다와 마을의 풍광이 눈을 확 뜨게 합니다. 깎아지른 절벽 위에 집들이 옹기종기 기대어 있지요. 마치 그리스의 산토리니 풍경과 어찌 그리 닮아 있는지 모릅니다. 영덕군에서 이곳을 풍경 지구로 정해놓았으니 함부로 개발할 수 없게 한 것은 잘한 일 같아 보입니다.

석동 마을은 해변가 낭떠러지에 미끄러질 듯한 비탈에 서로서로 기대어 있는 집들. 보는 사람도 마음이 아슬아슬하게 합니다. 바위투성이인 이 비탈에 왜 집을 짓고 살까? 밑을 내려다보니 짙푸른 잉크 빛 바다가 출렁입니다. 언덕을 내려가니 바닷가에 마당바위라 할 수 있는 평평하고 커다란 바위에 한 노인이 낚시를 하고 있었습니다. 아무래도 오래

있었던 것같이 보였습니다. 백발노인이었습니다. 얼굴엔 깊게 패인 주름살이 연륜을 말해주는 것 같았지요. 나를 힐끗 쳐다보는 눈빛은 위엄 있어 보였습니다.

　나도 한참을 갯바위에 서서 날아가는 갈매기를 세어보고 다시 돌아오는 갈매기를 세어보다가 그렇게 한참을 갈매기 삼매에 빠져 있는데 그것도 지루해졌습니다.

　나는 노인 옆에 앉아서 고기 낚는 것을 구경하는데 몇 시간이 지나도 고기는 안 올라오는 것이었지요. 내가 노인에게 "고기 좀 잡았습니까?" 하니 노인은 힐끗 나를 한번 쳐다보고는 아무 말도 하지 않는 것이었지요. 그렇게 얼마 동안 있으니 해가 서쪽으로 기울 때 그 노인은 낚싯대를 거둬들이면서 한마디 하는데, "오늘도 허탕이군." 하는 것입니다. 그러고는 "스님은 어디서 왔습니까?" 갑작스런 질문에 그만 내가 어디서 왔다고 답해야 할지 몰라 그냥 서 있는데 또 한마디 합니다.

　"온 곳은 알고나 있습니까?"

　"모릅니다."

　"모른다고 하는 그곳에서 왔습니다."

"만약 온 곳을 안다면 머리가 깨질 것이오." 하고는 뒤도 돌아보지 않고 가는 것이었지요.

아! 이게 뭐야, 순간 이 노인이 대단하다는 생각이 들었지요. 그러고는 노인은 빈 낚싯대 하나만 들고 천천히 걸어가 바닷가의 한 집에 들어가는 것을 보고 오늘 저녁은 저 노인 집에 묵으면서 이야기나 들어볼까 하고 하룻밤 보내려고 하였지요. 곧 뒤따라가서 주인을 찾으니 한 아이가 나와 "누구세요." 합니다. "할아버지 계시느냐?" 물었더니 아이가 하는 말이 "우리 집은 할아버지 없는데요." 하는 것이었습니다. "아니 방금 할아버지가 이 집에 들어가는 것을 보았는데 너희 할아버지 아니니?" 아이는 고개를 흔듭니다. 뒤돌아 나오다가 아이에게 이름을 물으니 균均이라고 합니다. 나는 깜짝 놀랐지요. 균제? 그러면 문수보살의 시자라는 그 균제? 에이 그냥 균均인 게지. 그러면 내가 헛것 봤단 말인가? 하고 뒤돌아 나와서 산언덕에 있는 잘 지은 펜션에 방을 얻어 들어가 바다가 보이는 제일 좋은 방에서 하룻밤을 보내기로 하였습니다. 베란다에 나와 깜깜한 밤하늘을 바라봅니다. 별똥별이 무수히 쏟아지고 별빛이 반짝이는데, 별들은 그들만의 이야기들이 있는 것 같기도 하였습니다. 끝도 없이 펼쳐진 은하수가 마치 내 고향처럼 포근하게 느껴지는데 가끔 하늘을 가로지르는 별똥별 빛은 신비롭기만 하였지요. 어릴 적 옛 추억이 되살아나 내 마음을 더욱 흐뭇하게 하였습니다. 그뿐 아니라 밤새도록 바다에서 이는 파도 소리에 묻혀 잠들게 했습니다.

다음 날 아침 해가 떠오르는 광경을 한 발짝도 움직이지 않고 보며 창문을 여니 바닷바람이 해조음을 실어옵니다. 마치 이글거리며 떠오르는 아침 해는 바다를 붉게 물들여 온 바다가 붉은 물감을 풀어 놓은 듯하였습니다. 해가 허공에 두둥실 떠 온 천지를 밝게 비추는데 이는 세상에서 가장 신비스러운 일이 아닐 수 없습니다.

난 내 눈을 또 의심했습니다. 어제 그 바닷가 노인이 저 아래 마당바위에서 낚시를 하고 있었지요. 한걸음에 언덕을 뛰어 내려가 낚시를 드리운 노인에게 물었습니다.

"엊저녁은 잘 지내셨는지요?"

역시 노인은 아무 말 없이 한참을 있더니 어제와 같이 딱 한마디 합니다. "스님은 어디서 왔습니까?" 또 입이 떨어지질 않는 것이었습니다. 입이 떨어지지 않는 것이 아니라 진실로 내가 할 말을 찾지 못하는 거지요. 인연 따라 왔다 할 수도 없고, 윤회전생輪廻轉生하여 환생한 자라 하여도 어디서부터 윤회하여 왔는지 알 수가 없습니다.

이 몸은 마음의 그림자
마음은 세상을 더듬는 손

나는 노인의 이 한마디에 대꾸를 못 하고 도망치듯 노인을 뒤로하고 걸으면서 혼잣말로 '내 참 평생 살면서 한마디 이르지 못하였다니'. 그러나 내가 온 곳은 고사하고 내 삶이 어떻게 흘러왔는지? 또 무엇을 찾아야 할지도 모르는 천치天癡가 되었습니다. 내가 평생을 나를 찾아 헤맨 것이 겨우 이 노인의 한마디에 허둥댔으니 말입니다. 내 자신이 토해내야 할 한 소식은 자신이 언제부터 왔는가, 라는 자신에게 던지는 질문이지요.

묵묵히 걷는데 저쪽 산꼭대기에서 풍력 발전기들의 윙윙

하며 돌아가는 소리가 그렇게 크게 들릴 줄 몰랐습니다. 그 소리는 한낮의 바닷가 평온을 깨뜨립니다. 나는 조용하기만 한 검푸른 바닷가를 뚜벅뚜벅 걷고 있는 자신을 만날 수 있었습니다. 도로가 펜스에 기대어 저 멀리 석동 마을 바닷가를 바라보니 노인이 보이는 듯합니다. 노인은 지금도 낚시 드리우고 누구를 기다릴까?

하늘 끝에 바다 끝이 있는데
거기엔 구름도 일고 바람도 인다.
내가 살아보니
구름도 일고 비도 오더라.

20. 엉겁결에 스님이 되다

　　조선 중기 선조 때, 그러니까 1600년대 초이지요. 범어사에 신통을 부린다는 진묵 대사라는 분이 있었지요. 범어사에서 정진하고 있을 때입니다. 어느 해인가 초여름, 논에는 벼들이 한참 자랄 때였습니다. 며칠 전에 비가 온 터라 개울물이 불어나 있었지요. 진묵 스님은 양산 통도사를 갔다가 범어사로 돌아오는 길이었습니다. 스님은 지팡이 잡고 마을길을 지나는데 웬 젊은 유생이 부르는 겁니다. "여보게 대사!" 진묵 대사가 돌아보니 술이 거나하게 취해 얼굴은 잔뜩 찌푸리면서 붉은데 갓은 찌그러져 볼품조차 없었지요. 가만히 보니 글은 조금 읽은 듯, 술은 취했으나 품위가 있어 보였습니다. 스님이 "왜 그러시우?" 하니 그 젊은 유생이 "시우? 시우가 뭔데?" 존칭 안 했다는 말투였지요. 새파란 것이 양반입네 하고 노승을 하대했지요. 그 시절은 그랬다 합니다. 진묵 대사는 "예, 진사 어른! 무슨 일이라도 있으신지요?" 진사란 말에 유생은 좋아하면서 개울을 업어 건네주라는 것이었지요. 진묵 스님은 아무 말 없이 그 유생을 등에 업히라고 하고 개울을 건네주고는 은근히 치켜세워줬지요.

"진사 어른께서 약주를 좋아하시는가 봅니다."

"그렇소. 내가 좀 하지요."

"소승 걸망에는 조선에는 둘도 없는 아주 진귀한 약주 한 병이 있는데, 날씨도 좋고 하니 예 앉아서 한잔 하실랍니까?" 하니 어서 내놓으라 합니다. 걸망 속에서 잘생긴 백자병을 꺼내 찻잔에 한 잔 부어주면서 주거니 받거니 하며, 시절 인연이 어떻고, 잘난 놈, 못난 놈, 오랑캐, 역적, 부사, 관찰사, 군수, 도적놈 모조리 되치고 엎어치고 만경창파 돌아가는 세상을 여러 번 뒤엎고 횡설수설한 후에서야 이야기가 대충 끝났답니다.

"진사 어른! 이 술은 승가에서만 아주 비밀스럽게 전해오는 귀한 약으로나 먹는 약주이지요."

"정말 약주인가요?"

"그러믄요. 암요, 절대 술이 아닙니다. 법수法水라 합니다. 한잔 하시면 머리도 맑아지고 마음도 고와집니다." 하였답니다.

그 당시 법수는 적어도 순도 50도가 넘고요. 법제 과정에서 석청이나 목청을 넣어 만들기 때문에 달달해서 독하다는 것을 못 느낀다 하네요. 젊은 유생은 몇 잔 하고는 그만 곯아떨어졌다 합니다. 진묵 스님은 이 젊은 유생을 스님 만들 작정이었지요. 스님들은 항상 걸망 속에는 삭도削刀를 하나씩 가지고 다니지요. 진묵 스님은 따뜻해진 논물을 발우에 담아서 이 젊은 유생의 머리를 적셔 양반의 상투를 싹둑 잘랐습니다. 따뜻해진 물로 머리를 밀기 시작하여 잠깐 동안에 그만 까까머리가 됐지요.

진묵 스님 하시는 말씀이 "그놈 참, 머리 잘생겼다. 고놈 중노릇 잘하면 큰스님 되겠다." 하고는 걸망 속에서 자신의 여벌 승복을 꺼내 입혀놓고 그가 입었던 바지저고리, 도포까지 태워 없앴지요.

그리고 옆에 이런 글을 하나 써놓습니다.

告 辭親 고 사친

父母恩惠 如泰山 離苦生死 我時急
부모은혜 여태산 이고생사 아시급

佛法難逢 旣出家 得佛知見 後歸鄕
불법난봉 기출가 득불지견 후귀향

부모 곁을 떠나고자 함

부모님 은혜 태산 같사오나
생사바다 여의는 것이 저에게 시급한 일
불법은 만나기 어려워 이미 출가했으니
부처지견 얻은 후에 고향에 가고자 합니다.

　위와 같은 글을 지어, 자고 있는 그 유생 옆에 놓고 범어
사로 돌아왔답니다. 이 초생初生은 실컷 자고 잠에서 깨어나
보니 아무 생각도 나지 않습니다. 소위 필름이 끊긴 것이지
요. 여기가 어디야? 내 옷은? 머리가 선선해서 만져보니 머
리카락이 없는 것이지요. 옷은 승복 입었으니 영락없는 스

님입니다. 둠벙에 자신의 얼굴을 비춰보니 영락없는 스님입니다. 허벅지를 꼬집어도 보고 자신의 뺨도 때려보면서 참 희한한 꿈일세그려! 내 분명 유생이거늘 거참! 그러나 그는 많이 당황했지요. 아무리 생각해 보아도 꿈인 것이 분명했지요. 별 꿈 다 있네 하며 옆에 보니 창호지에 쓴 시詩가 있는데 내용은 출가하여 부모님한테 보낸 편지입니다. 그런데 이 초짜 유생은 아직까지도 생시인 줄 모릅니다. 분명 꿈이라 생각하면서 이왕 꿈일 시엔 멋지게 꿔볼까? 하면서 범어사에 올라갔다지요. 버릇이 마을에 살던 일밖에 없으니 절 법도를 알까? 일주문 밖에서 큰 소리로 "여봐라, 게 누구 없느냐?" 하는데 아무도 나와 보지 않습니다. 더 큰 소리로 "여봐라, 게 누구 없느냐?" 하니 해행당解行堂에서 창문을 열고 지켜보던 진묵 스님이 큰 소리로 "웬 놈이 큰 소리냐? 어디서 초짜 중이 무엄하게도 큰 소리 치느냐?" 하고는 "여봐라, 어서 가서 저놈을 붙들어다가 볼기를 매우 쳐라." 불호령입니다. 이 유생 양반이 가만히 보니 낮에 본 그 노승이 맞습니다. 여전히 자신은 꿈속이라 생각하고 "아이쿠 대사, 나요 나! 어찌했거나 이거 꿈속에서 노승을 뵈니 재미있긴 합니다만, 이건 꿈이지만 난 분명 양반이란 말이요." 하는데 진묵 스님 왈, "저놈이 아직도 꿈을 깨지 못하는구나." 하면서 "마당에 임시 만든 형틀에서 볼기를 매우 쳐라." 그때 염라 대왕 분장한 이가 등장해서 죄를 모조리 물었지요. 그리고 나서도 이 친구는 여전히 나는 꿈속이라고 여겼다 합니다.

초짜 유생은 진묵 스님 등 여러 스님들이 시키는 일 하고 경전 공부도 하고 염불도 배워서 이제는 어엿한 스님이 되고 영기라는 법명까지 얻었습니다. 그렇게 10년이 지났는데도 자신은 꿈이라는 것을 믿었답니다. 그러던 중 이제는 꿈을 깨고 싶은 생각이 간절해서 스승인 진묵 스님에게 꿈 깨는 방법을 물었지요. 진묵 스님이 가르칩니다. 방 하나를 주고 창문에 바늘구멍을 내어주고는 "이 바늘구멍을 바라보아라. 일체 딴생각을 하면 넌 영원히 꿈속에서 살 것이니라. 그 바늘구멍을 바라보면 분명히 황소 한 마리가 너에게 달려올 것이다. 그때 너는 황소 뿔을 두 손으로 꽉 잡으면 꿈속에서 깨어날 것이니라." 이렇게 일러주고 밥은 창문 구멍으로 넣어주었다지요. 그렇게 백 일쯤 지났는데 정말 황소가 달려오는 겁니다. 이때 두 손으로 황소 뿔을 잡는 순간 그만 한 생각이 또렷이 밝아져 깨닫게 되지요. 문을 발로 차고 방에서 뛰쳐나오면서 "나는 꿈을 깼다. 이제 알았다. 내가 이미 여러 생 동안 납자衲子이었던 것을 잊었었구나." 하면서 춤을 추며 진묵 스님을 뵙고 절을 올리니 스님은 빙그레 미소만 지었다고 합니다. "소생, 이제 스승님 가르침으로 꿈속에서 나왔습니다." 하고 눈물을 흘렸다고 합니다. 그가 바로 영기 靈棄 대사이지요.

꿈

그림자 없는 나무
은하를 몇 바퀴 돌고 돌아서
지치도록
꿈속에서 꿈을 꾼다.

모두 잊어버리고
다시 돌아와도 꿈
그림자 없는 나무
바늘구멍 뚫어져라 바라본다.

21. 화사畵師

아주 오래된 이야기인데요. 중국 양나라 때이니까 정말 오래전이지요. 보지공寶誌公이라는 선사가 있었습니다. 지공 선사는 걸출한 선사이었습니다. 한번은 황제가 나의 스승이 되어달라고 사신을 보냈지요. 선사는 점잖게 거절했습니다. 황제는 사람을 또 보냈습니다. 역시 거절하니 사신이 말하길 "폐하께서 노하실 것입니다." 지공 선사는 "내 목을 가져간다 해도 할 수 없다." 했다지요. 양무제는 세 번째 사신을 보내면서 "이번에도 안 오겠다고 하면 그의 목을 가져오라." 사신이 지공 선사 앞에서 "이번에는 꼭 가셔야 합니다. 안 가신다면 신하도 도리 없습니다." 하였지요. 역시 거절하면서 이렇게 말했다 합니다.

육신은 바람이요
마음은 하늘이라
칼로 내 목을 친다 해도
허공을 베는 것

사신은 지공 선사를 한참 동안 물끄러미 바라보았다지요. 선사는 초연하였습니다. 결국 칼을 거두고 돌아가서 이 말을 전하니 황제는 아주 흡족해 했답니다. "이 땅에 짐이 존경할 만한 선사가 있어 참으로 기쁘다." 전하는 말로는 스님의 성품이 고매하고 말과 행이 같아 사람들은 그를 성현에 비유한다고 합니다. 가끔 지공 선사가 천상세계 비상비비상천의 보화궁에 가서 비바시불을 뵙고 온다고 하였지요. 하루는 승요僧繇가 지공 선사를 뵈러 갔는데 지공 선사가 이렇게 물었습니다. "화사畵師가 수도 없이 부처를 그렸다 들었는데 부처의 마음도 그릴 수 있는가?" 승요는 아무 말 못 했습니다. 또 말하기를 "비바시불도 수재목전난도雖在目前難覩라." 이 말은 비바시불도 눈앞에 있는 '그것'은 보기 어렵다는 말입니다. 지공 선사가 재차 물었습니다. 그대 눈앞에 있는 것? 그것 그릴 수 있는가? 역시 승요는 답을 못했습니다.

마음

마음이라는 그것
설사 부처라도 볼 수 없다
있는 것도 아니요 없는 것도 아님이니

22. 낙산 홍련암

뜨거운 여름이었습니다. 10여 년 전 낙산사가 화마로 전소하고 다시 가람을 세웠지요. 당시에 유일하게 홍련암만 무사했는데요. 하도 궁금해서 홀연히 찾았습니다. 아침 일찍 홍련암에서 관음조를 보면 소원 성취한다는 소문이 있습니다.

나는 홍련암 앞 난간에 기대여 관음조만 날아오기를 기다리는데 몇 시간이 흘러도 나타나지 않는 겁니다. 한데 옆에서 대여섯 살 정도 돼 보이는 여자아이가 미동도 없이 보고 있었습니다. 나는 물었지요. "너는 뭘 그리 보고 있니?" 해도 들은 척도 않고 계속 보고 있었는데 그때 검붉은 작은 새 한 마리가 날아왔지요. 내가 새가 날아왔다 하니 아이는 조용히 하라는 듯 "쉿!" 하는 것이었지요. 관음조였습니다. 전설에 의하면 관음조는 홍련암 관세음보살이 화현하여 새로 변하였는데, 뭇 중생의 소원을 대신 빌어준다는 겁니다. 관음조는 오직 홍련암 주위에서만 볼 수 있습니다.

옆에 있던 아이가 관세음보살을 염송하는데 기도하러 온 한 할머니도 따라 염송하고, 어느덧 많은 사람들이 와서 함께 관음보살을 염송하는데, 그러한 성스러움을 본 적이 없었습니다. 관음조 한 쌍이 포롱포롱 날아 이 바위에서 저 바위로 날아다니다가 그렇게 날아다니다가 한 시간쯤 날아다니다가 바닷속 동굴로 사라지곤 다시는 나타나지 않는 겁니다. 나는 기도하던 아이한테 "넌 어떤 소원 빌었니?" 하니 이러는 겁니다. "관세음보살의 염원을 가슴에 품고 있지요." 하고는 법당으로 들어가서 나오지 않는 것이었습니다. 얼마 동안 기다려도 나타나지 않아서 의상대에 갔는데 정자에 그 아이가 바다를 향해 합장하고 있었는데 마치 해수관세음보살 같아 보였습니다.

무심한 파도

나의 소원은 무사탈
너의 소원은 무심
바다에 이는 파도만큼이나
그런 소원들이 일어
낙산 앞바다를 가득 채웁니다.

23. 떠내려가는 꽃잎

오래전에 전라도 선암사를 간 적이 있었는데 천 년 전에 그렸을 법한 벽화를 보았지요. 함께했던 인옹에게 물었습니다. "이 그림이 여기 산천의 그것과 같은가 다른가?" 인옹이 말을 받아 하는 말이 "우리가 산 아래에서 걸어올 때 뻐꾸기 우는 소리 들었는데 그 뻐꾸기 울음소리가 산 너머 숲속에서 우는 뻐꾸기 울음소리와 같은가 다른가?" 하고 되물어서 내가 큰 소리로 웃으니 인옹도 따라 크게 웃었지요.

이런 일도 있었습니다. 한번은 부산 남천동 아파트촌에 봄이 되면 벚꽃이 하도 좋다 하여 갔었는데 마침 비가 와 떨어진 꽃잎들이 개울물에 떠내려가는데요. 네댓 살 되어 보이는 여자아이가 쪼그리고 앉아 미동도 하지 않고 떠내려가는 꽃잎을 바라보는 것입니다.

"너 무엇을 그리 보고 있니?"

아이는 들은 체도 않았지요. 나도 그 아이 옆에 앉아 떠내려가는 벚꽃 잎을 함께 보고 있는데 그 아이가 내게 물었습니다.

"스님은 지금 무엇을 보고 계세요?"

(응?)

꽃잎이 떠내려가는 것을 내가 본다 할 수도 없고, 떠내려가는 꽃잎이 나를 본다 할 수도 없고, 나는 아무 말 않고 있는데, 그 아이는 일어나면서 이렇게 말하였습니다.

"그것도 모르면서."

(……)

"지금 꽃잎이 떠내려가잖아! 근데 어디로 가는지는 나도 몰라. 스님도 모를 거잖아." 하고는 아파트 쪽으로 깨금질치며 깡충깡충 뛰어갔습니다.

나는 지금 생각해도

133

그때 답을 못 해준 것이

못내 아쉬웠다

지금 답하라면

꽃잎처럼 떠내려 가봐야.

꽃잎 떠내려가는 것은 그렇다 치고, 나는 지금 어떤 인연
의 강물에 떠내려가고 있는 걸까?

24. 동지팥죽과 성불암 강도 사건

올빼미가 도깨비 잡아먹는다고 하여도 믿는 시절이라고 하는 1960년대 초 이야기이지요. 충청도 조치원 하면 그래도 경부철도가 지나고요. 나름 개명했다면 개명한 동네에 성불암이라는 명성 있는 암자가 있었지요. 주지스님은 비구니스님으로 여장부라 소문이 자자하였다 하지요. 이 스님 손이 커서 동지팥죽을 쑬라치면 무조건 새알이 한 가마니이었다 하지요. 동네 아지매와 심지어 장년들과 할매, 할배들까지 들끓었다 합니다. 성불암에서는 동지 전야제라는 걸 하였는데 그것이 오래된 그 지역 전통이랍니다. 큰방에 남녀노소 모두 한방에 들어가 윷놀이도 하고 화투 놀이도 하는데, 방은 궁뎅이 데일 정도이었다 하네요. 할배, 할매, 젊은 새댁까지 모두 모이면 거기 입담꾼이 있기 마련, 한 노인이 주인공인데, 눈은 츰츰하고 입술은 얇고 아래로 처졌는데 이빨이 듬성듬성 빠져 말하면 받침소리가 잘 안 되는 겁니다. 그래도 목소리는 카랑카랑하여 감히 사람들이 가까이 하기가 쉽지 않은 노인네라고 하였지요. 그저 호랑이 담배 피우던 시절 이야기부터 풀어놓으면서 사람들을 들었다 놨다 한답니다. 말하자면 단군 할아버지 시절부터 6 · 25동란까지 쉴 새 없이 줄줄인 것이지요. 이렇게 웃으면서 동지팥죽으로 전야제를 할라치면 동네 분들이 어찌 동지 전야제를 안 기다리겠습니까?

그런데 한 해는 복면강도 두 명이 방에 들어오면서 권총을 들고 "꼼짝 마세유. 죽기 싫으면 돈 다 내놔유." 하니 방안은 금세 사람들이 사시나무 떨 듯하였지요. 그때 강도가 방바닥에 자루를 집어 던지면서 "여기에 돈, 반지, 목걸이 다 넣으세유." 하는 겁니다. 한 할머니는 "내 비녀는 안데유. 막내가 서울 가 취직해서 해준 은비녀인데 절대 안데유". 옆에 있던 할머니가 "뭘 소리여, 죽인다쟎여?" 다들 돈이고 패

물이고 푸대 자루에 넣어놓는데, 눈이 츰츰하고 목소리가
카랑카랑한 할배가 강도를 뚫어져라 바라보는데, 강도가
"뭘 봐유?" 하는데 할배의 한마디!

"권총 맞냐?"

"맞쥬. 왜유?"

"이놈이 어른한테 말버릇이?"

노인이 벌떡 일어나더니 강도 뺨을 한 대 후려치니 픽 쓰
러졌지요. 할매들이 강도 바짓가랑이 잡아댕기니 바지가 벗
겨지고 복면이 벗겨지니 동네 청년이었다네요. 그리고 그
권총은 다름 아닌 갱엿! 요즘 문자로 'ㅋㅋ'입니다.

방이 더워지자 갱엿으로 만든 권총은 슬슬 녹아 총구가
구부러졌던 거지요. 결국 동짓날 전야제 강도 짓은 해프닝
으로 끝나고 동네 청년은 어른들의 귀싸대기 벌로 끝났다 합
니다.

욕심 주머니

갈 곳을 찾지 못하고 헤매는 새
버리라고 세상 사람들 다 그랬다
너는 욕심 버릴 수 있는가
그래도 나는 밤새 고대광실을 꿈꾼다

25. 옴 삼바라 삼바라

아주 오래된 이야기입니다. 산청군 신등면 모례 마을에
한 신심 많은 보살이 살았다 하지요. 사월 초파일은 어찌해
도 절에 가서 부처님께 공양미 올리고 오는 것이 보살이 할
수 있는 기도랍니다. 대대로 정취암에 가서 기도하는 것이 1
년 중 최고의 행사라 할 수 있는데 보살이 얼마나 신심이 많
던지 초파일이 오기만을 기다렸다 하네요. 이 보살은 절대
로 남하고는 같이 가는 법도 없다 하는데요. 적어도 절에 가
기 3일 전부터 목욕재계하고 쌀 세 되는 뉘 고르고, 돌 골라
내고, 쌀이 깨지거나 싸라기는 모두 골라내어 정성스럽게
한답니다. 그 정성을 보고 처사가 하는 말이 "내한테도 저리

정성스럽기 함 해보레이." 하면서도 내심 부처님이 복 주기를 은근히 바랐다 합니다.

하루는 부인한테 쌈짓돈을 주면서 "이건 완전 내 몫신기라. 부처님 앞에 돈 놓고 절 할라카먼, 내 소원을 말 고대로 전할라카먼 그 뭣인가 적산 땅 내 앞으로 이전해갖고 우리 집안 농사 잘 짓게 해달라꼬 기도해주세이." 이렇게 처사가 부인한테 기도를 부탁하였답니다. 보살은 남편이 주는 돈을 받아 정성스럽게 주머니에 넣으며 "지가요, 이 돈은 꼭 당신 꺼라꼬 말씀드리고 올깁니더." 했다 합니다.

정취암은 마을에서도 멀리 떨어져 있고, 심심산중이고 해발 500고지쯤이나 높은 곳에 있어 찾아가기가 여간 어려운 곳이 아니어서 보통 신심이 아니면 못가는 곳이지요. 보살이 새벽같이 일찍 쌀 석 되를 머리에 이고 산을 얼마를 오르는데, 그만 일을 보게 되었답니다. 길에서 한참을 산속으로 들어가 일을 볼라 하는데 공양미 쌀을 땅에 내려놓을 수가 없어서 나뭇가지에 걸어놓고 일을 보고 치마를 걷어 올리면서 보니, "앗! 이게 뭐야." 산삼이 있었지요. 보살은 정신없이 맨손으로 땅을 파는데 이삼십 년이나 됨직한 산삼인지라 그저 부처님 관세음보살을 연신 외치며 캤는데 무려 다섯 뿌리나 캤다 합니다.

절에 도착하니 이미 4월 초파일 기도가 한창이었다 하네요. 사람 속으로 비집고 들어가 탁자 위에 쌀 석 되를 올려놓고 정성껏 절을 하는데 스님이 요령 잡고 "옴 삼바라. 삼바라." 주문을 하고 있는데, 꼭 '삼 봐라. 삼 봐라.'로 들렸습니다. 보살이 깜짝 놀라 '시님이 어찌 알았노? 용타 용해. 내가 삼 캔 것을 우째 아시고 삼 보라고 하실까. 역시 도인인기라.' 생각하고는 할 수 없지 다 줄 수는 없고, 딱 한 뿌리만 드리자 하고 한 뿌리 꺼내 불단에 올려놓고 절하는데요. 시님이 연거푸 "삼 봐라. 삼 봐라." 세 번을 하는 것입니다. 할 수 없이 두 개 더 놓고 절을 하고는 "부처님, 그저 우리 집 양반 건강하시고 큰아들, 둘째, 셋째, 넷째, 다섯째, 모두 모두 잘 살게 해주세이." 하고 절을 하며 연신 두 손을 합장하고 기도하였습니다. 마침 그날은 산신각을 다시 짓고 낙성식을 겸해서 초파일 행사를 치르는 날이었습니다. 군수, 면장, 부면장, 경찰서장까지 다 왔다 하지요. 테이프 끊고 스님이 요령을 흔들면서 또 '삼 봐라 삼 봐라' 하는 깁니다. '와! 이를 우짤꼬? 시님은 귀신인기라요. 내가 두 뿌리는 영감 삶 아 멕일라꼬 했는데, 시님이 자꾸 삼 보라 카는데요. 할 수 없다 카고 두 뿌리마저 산신님 앞에 놓고 하는 말이 정말이 지 두 뿌리가 답니다. 시님이 삼 보라꼬 세 번 캤지만 난 절 대로 남은 삼은 두 뿌리 인기라요.' 하고는 절을 열심히 했다 고 합니다.

보살은 기도를 마치고는 점심 공양하고 갈라 하는데, 주 지스님이 보살을 불렀습니다. 주지스님은 산삼 한 뿌리는 군수, 또 한 뿌리는 부군수, 면장, 부면장, 경찰서장까지 하 나씩 주니 딱 맞는데요. 주지스님이 말하기를 "이 보살님이 산삼 다섯 뿌리를 이렇게 부처님께 올린 것은 보통 일이 아 닙니다. 이것을 젊은 중인 제가 먹을 일도 아니라서 이렇게 나눠드립니다. 아마도 이 보살님의 소원이 있을 겁니다. 그 러니 군수님께서 들어주셔야 하겠습니다."

보살이 이렇게 말하는 겁니다. "지는요. 적산 땅 농사를 짓는데예, 지들에게 불하 안 해줍니더. 마 군수님께서 해결

해주이소." 군수가 면장에게 "그 땅의 문제점을 찾아 민원을 해결해드리면 어떻겠습니까?" 하니 몇 년째 문제가 해결되지 않았던 텃밭 3천여 평이 금방 해결이 다 됐다 합니다. 보살이 절에서 내려오면서 어찌나 좋은지 우리 부처님을 연신 외쳤다고 합니다. 보살의 소원이 이뤄진 것이지요.

* '정취보살'은 관세음보살을 뜻함. '옴 삼바라 삼바라'는 진언으로, 공양 올릴 때 스님이 요령 들고 외는 주문.

26. 마대부의 수행

하루는 어느 도인이 법문한다 하여 갔었는데 법당이 쩌렁쩌렁하게 법문을 하시는데 그만 가슴이 후련하였습니다. "세상의 정의가 뭔가 하면 이렇습니다. 맞는 것은 맞게 돌아가게 하고 안 맞는 것은 쳐다보지도 않는 것이 맞게 하는 것이다." 하였는데, 그 말씀이 눈을 번쩍 뜨게 하였습니다. 그러면서 마대부 이야기를 하였지요.

어느 날 마대부가 조주 선사를 찾았다지요. 다짜고짜 물었습니다.

"스님께서도 수행하십니까?"

"내가 수행한다면 큰일이다."

"그러면 누가 수행합니까?"

"대부가 수행하지 않는가?"

"스님께서 수행하지 않으면서 누구보고 수행하라 할 수 있습니까?"

"마대부야말로 수행하시는 분이십니다."

"큰스님! 저 같은 사람이 무슨 수행한다 하십니까?"

"만약 대부께서 수행하지 않았다면 어찌 인왕의 자리에 있겠습니까? 굶주림에 허덕이고 그들은 꽁꽁 얼어붙은 땅에서 벗어나지 못할 것입니다."

그때 대부는 자리에서 일어나 절을 하였다.

맞습니다. 조주 스님은 이미 수행을 다 해 마쳤지요. 깨달아 부처의 경지에서 중생을 제도하니까요. 그러나 세상 이야기를 하자면 이렇습니다. 만약 스님이나 신부나 목사가 수행修行하지 않는다 하여 세상이 무너지지 않습니다. 만약 공무公務라는 자리에 있는 그들이 수행하지 않는다면 나라는 패당을 져 싸우다가 결국은 나라도 바로 무너집니다. 승려, 신부, 목사들이 수행하지 않는다면 비난을 받겠지만 나라는

잃지 않습니다. 그러나 공복의 자리에 있는 그들이 수행修行
하지 않는다면 나라를 잃습니다.

야보 송

나뭇가지를 잡음이 가상함이 아니라

벼랑에서 손을 놓아야 비로소 장부로다

물도 차고 밤도 싸늘하여

고기 낚시 물지 않으니

빈 배에 달빛만 가득 싣고 돌아오도다

27. 산천이 걷는 것

내 호주머니에서 벨이 울립니다. 지음인 원사입니다. 대 뜸 "어디야?" 하는 목소리가 들립니다.

"설악산이지요~"

"거긴 또 왜 간겨?"

"설악산 가을 단풍이 하도 좋다고 해서 왔지요."

"노산老山! 내가 할 말이 있소이다."

"어디요."

"나 지금 해조음을 하루 종일 들으며 걷고 있수다. 근데 말이야. 전에 노산老山이 말하기를 걸으면 걸음걸음마다 다 내 꺼라 해서 나왔는데 말이야, 꼭 사기당한 것 같아. 그래서 말인데 여기 당장 오지 않으면 다음 철에 덕산의 방망이가 날아갈지도 몰라. 하하." 하고는 끊어버리는 것입니다.

오라는 곳도 안 알려주고 오라니 이 친구 나를 알아보긴 알아보는구나 하고 유쾌하게 웃었지요. 설악산은 예나 지금이나 똑같은데 찾는 사람들은 모두 옛사람들이 아니었습니다. 설악산 초입에 들어서면 아미타불이 친히 맞아주시어 원근에서 온 중생들을 반겨주지요. 나는 어쩌다 오는 설악산이지만 웅장한 산세는 그 자체가 설법이어서 다시 말이 필요 없습니다. 마침 일요일이라 그런지 산을 가득 메운 사람들은 설악의 설법을 스스로 다 듣고 다 알아차린 듯 신명이 나고 기뻐 얼굴엔 희희熹熹하고 걸음은 낙락樂樂한 모습이 말해주는 듯합니다. 나도 오랜만에 왔으니 눈이 바빠집니다. 울산바위는 하늘 높은 그곳에 우뚝 서서 정상만 조금 보여주는데도 위풍당당하고요. 세월이 오래되어서 그런지 더 장대하다는 생각이 들었지요.

저 멀리 바라보니 울긋불긋 시작도 없고 끝도 없이 사람들이 줄지어 올라옵니다. 큰절에 오니 오늘은 대종사님의 기일이라서 그런지 천하의 대종사, 선사, 강사, 두타, 걸사 모두 다 모였는데 그 수는 부처님만 아시지요. 그때 호주머니 속에 문자가 날아들어 왔습니다. 원사願師입니다.

'빨리 후포로 오소'

이건 와달라는 것도 아니고, 와야 한다고도 아니고, 내 참! 그나저나 오라 하는 도반이 있으니 그저 반가울 뿐이지요. 대종사의 추모향화를 마치고 후포항으로 달려갔습니다. 도반이 오기 전입니다. 항구의 끝자락 지점 방파제에 한 시간쯤 앉아서 고즈넉한 후포항의 아름다움에 반하여 취해 있다가 이제 서산 능선에 이지러져 가는 붉은 해를 감상하고 있는데 저쪽에서 도반이 배낭을 진 채 걸어옵니다. 석양을 등지고 오는 친구의 모습이 마치 저 마갈타국 시대 한 노승이 길게 늘어선 야자수 그림자 사이를 걸어오는 모습이랄까? 뭐 그런 성스러움까지 있었습니다. 그도 나를 발견한 듯 스틱을 번쩍 들어 신호를 보냅니다. 항구는 금방 금빛 물결로 가득한데 석양을 등지고 오는 도반이 성자 같아 보였습니다.

둘이는 포옹을 하며 반가움을 표시하고 방파제에 걸터앉아 통도사에서 여기까지 걸어온 이야기들을 나누었지요. 해가 서산에 기울어 어둠이 항구를 스멀스멀 점령하여 오는데 우리는 일어나 천천히 걸었습니다.

"노산, 난 말이야……." 도반이 말하다 멈춥니다.

(……)

"그런데 말이야. 통도사 출발하기 전 부처님께 예배하고, 새벽 용송숲을 헤치고 걸으면서 솔직히 내가 통일전망대까지 갈 수 있을까, 스스로에게 묻고 묻고 또 물었지. 그런데도 여전히 확신이 없었어. 그렇게 걷기를 거듭하면서 여기 울진에 들어서서는 내가 이 길을 선택한 것이 자신에게 너무 감사하기까지 한 거야. 아마 노산은 알겠지?"

나는 도반의 너무 진지한 모습에서 그의 감정을 알 수 있었습니다. 또 이렇게 말합니다.

"우리가 바라보는 저 바다는 바다가 아니야."

"그럼 뭔데?"

"설법이지."

"그리고 내가 걷는다는 것을 잊었어."

"그럼 누가 걸어?"

"산천이 걷는 것이지."

도반은 걸으면서 깨달음을 얻은 것 같았습니다. 또 이런 말도 합니다. "길가 작은 풀 한 포기도 꽃을 피워내더란 말이야. 가만히 들여다보고 있노라면 신기하기까지 해. 위대한 성자들이야. 아무리 작은 풀이라 할지라도 모두가 '하나의 세상'을 갖고 있었어. 작은 미물이라도, 아니 그보다 더 작은 생명이라도 그들의 천하가 있는 거야. 난 단지 그들의 생명 중의 하나일 뿐이라는 것을 알았지." 이때 그를 쳐다보니 그는 이미 깨달은 성자이었습니다.

우리 둘은 한참 동안 가로등 불 아래를 천천히 걸으며 살아온 여러 인연들의 이야기를 하였습니다. 숙소에 들어와서는 고타마 붓다가 연꽃을 든 일로부터 사라쌍수에서 열반에 들기까지 석가모니 부처님의 일대기를 여러 번 쓰고 지우고 한 후에야 잠이 들었습니다.

다음 날 죽 한 그릇으로 때우고 후포에서 원덕까지 걸으며 아마 이생에서는 이 길을 둘이 걷는 것은 마지막이라며 60리 길을 걸었는데 아직까지 원사가 그렇게 진지하게 걸어가는 것을 본 적이 없있습니다.

백년초해에서

백로 떼들 논에 내려앉으니
마치 천 점 눈과 같고
수많은 꾀꼬리가 나무에 내려앉으니
가지마다 황금이라

28. 궁남지 연꽃이 필 무렵

아주 오래전이었습니다. 부여 궁남지에 연꽃 구경이 하도 좋다 하여 간 일이 있었지요. 그 시절만 해도 참 좋았는데, 말하자면 초가삼간 집을 짓고도 온 가족이 모여 웃음꽃이 떠나지 않던 시절이었습니다. 도로포장이 되지 않은 신작로를 버스가 달리면서 일으키는 흙먼지가 만들어내는 파스텔화 같은 풍경을 보는 시절이 있었지요. 햇볕에 반사된 뿌연 흙먼지는 때로는 연붉은빛이 피어나기도 하고, 때로는 연주황색으로, 때로는 회색으로, 가지가지의 빛으로, 신작로는 자신의 정체를 맘껏 뽐내던 그런 시절이 있었습니다. 길갓집은 온통 누렇게 흙먼지를 뒤집어썼지요.

그런 시절의 풍경은 가끔은 보는 이로 하여금 포근함으로 향수까지 느끼게 합니다. 그런 아련함 때문일까, 나는 덜컹대며 달리는 버스 뒷좌석에서 햇볕에 반사되어 일으키는 흙먼지가 갖가지 색으로 변신하는 것을 감상하는 재미로 버스 뒷좌석에 앉아 일어나는 풍광을 구경합니다. 뻥튀기할 때 갑자기 일으키는 하얀 연기처럼 팍~하고 터져 나오는 뭐 그런 것, 그 뿌연 먼지는 주변 풍경을 지워가는데 그것을 보고 있노라면 그 자체가 아련한 추억을 만나는 것이지요. 청양에서부터 부여로 가는 길은 내가 좋아할 만한 길이었습니다. 석양을 등지고 한 시간도 넘게 산 넘고, 마을 지나고, 다시 산 넘고……. 그야말로 시네마가 따로 없지요.

또한 궁남지에 활짝 피었을 연꽃을 상상하는 것만으로도 즐겁습니다. 연꽃 필 계절은 정말 뜨거운 7~8월입니다. 붉은 연꽃만큼이나 뜨거운 여름 한낮에, 궁남지에 도착해서 연꽃 하나하나 세어가며 홍련, 백련, 황련, 가시연, 수련 등의 연꽃들, 그야말로 연꽃들이 즐거워서 비명을 지르며 흐드러지게 피어 있었습니다. 나는 한 시간도 넘게 연꽃에 홀리어 서성이는데, 뒤에서 누가 툭 쳐서 보니 서 대사이었는데요, 이 스님은 큼직한 카메라와 삼발에 장화까지, 이것은 완전 꾼이었습니다.

"어이 노산老山, 여긴 웬일이야?"

"서 대사! 반갑수다. 연꽃이 하도 좋다 하여 왔지요."

"연꽃이 갖고 있는 이름이 처염상정處染常淨이라고 하기에 나도 깨끗해질까 해서 왔는데, 그런데 말이야. 서 대사를 보는 순간 틀린 것 같아. 온통 진흙투성이니 내가 온 뜻을 못 이루겠구먼!"

둘이는 우연히 연밭에서 그렇게 만나 웃었지요.

궁남지에 핀 꽃과 아직 피지 않은 연 봉우리를 사람들은 자신의 눈 속에 넣으려고 드넓은 꽃밭을 헤매는데, 세상의 모든 연꽃은 여기에 다 와 있다는 것을 알았지요. 사람들은 그날따라 얼마나 많이 왔는지, 연지蓮池 두렁길에서 부딪쳐 걸을 수 없을 지경이었습니다. 모두가 연꽃 이야기만 하는데 가만히 보니 사람들의 눈동자엔 수많은 연꽃들이 환하게 피어 있었습니다. 그들도 나처럼 연꽃을 하나도 빼놓지 않고 눈 속에 담아가려는 것 같았지요. 서 대사에게 연꽃을 얼마나 찍었느냐고 물으니, 그는 말하기를 연꽃을 찍는 것이 아니라 연꽃 속의 미소를 본다는 것이었지요. 가끔 연꽃이 피는 계절이면 연꽃 속에 감춰진 미소를 보러 간다 하는 친구가 오늘은 참 부러웠습니다. 나는 아무리 봐도 그냥 꽃이 던데, 그 친구는 미소를 본다 하니 말입니다. 염화미소? 부처님이 영산에서 연꽃을 드시니 가섭이 미소를 지었다는 그 염화미소가 생각났습니다. 언젠가 한 겨울에 연꽃 전시를 한다 하여 반가운 마음에 한걸음으로 달려갔는데 연꽃을 담은 책자 제목이 '연꽃을 드니 미소 짓다'이었지요. 그러고 보니 친구의 눈동자 속에 미소를 짓고 있는 부처님을 볼 수 있었습니다.

연꽃

세상에 아름답지 않은 꽃 있을까
성품에 따라 피어나는 것
이 인연 저 인연
모두 인연 모아서 피어난 꽃
그 꽃이 인연의 세상이다

29. 만성 스님의 진도아리랑

　아주 오래전이었지요. 어느 날 가야산으로 출가한 진도 출신 스님이 있었습니다. 조금 늦게 출가한 분이었지요. 세속으로는 조금 연세가 있었지만 마음만큼은 늘 유소년이었습니다. 스님의 은사스님이 늦게 출가했다 해서 만성晩成이라는 법명을 지어 주었다고 본인이 늘 그리 생각하는 스님입니다. 일찍이면 어떻고 좀 늦으면 또 어떻겠습니까. 내가 걸망 지고 만행한답시고 팔도 유람할 때이지요. 하루는 스님이 진도 가는데 같이 가자고 합니다. 진도라는 곳은 우리나라에서 아주 특별하다는 것을 느꼈지요. 섬도 작은 섬이 아니라 꽤 큰 섬입니다. 진도 하면 진도아리랑을 빼놓을 수 없고요. 뿐만이 아니라 남도창의 본고장이기도 합니다. 대표적인 아리랑의 본고장이 세 곳이 있지요. 진도는 또 다릅니다. 아리랑 이외 창과 남도풍의 한국화 글씨, 그리고 액자도 집집마다 걸려 있지 않은 집이 없을 정도입니다. 문화의 본고장이라고 할 만큼 진도 사람들은 자부심도 강합니다. 그날 밤 만성 스님의 고향 향리에 가니 말 그대로 난리가 났습니다. 마을 분들이 우리 선생님 오셨다고 전복이며 해삼, 김 등 하여간 다 들고 왔습니다. 만성은 호탕하게 웃으며 "노산, 여기는 이래. 내가 옛날 여기에서 창을 조금 했거든. 그래서 옛 선생쯤으로 생각하고 집에 있는 것은 다 들고 오는 거야. 정이 많아. 그게 탈이야." 만성 스님이 길게 설명하는 것은 내게 멋쩍어서 하는 말로 들렸지요. 그렇게 마을 주민들이 만성의 옛집에 다 모였는데, 오늘 저녁에 만성 스님이 환향한 것을 축하한다고 하는 것입니다.

이장님이 마이크를 잡고 말합니다.

"여러분! 우리 동네에 큰 잔치를 해야 하것어라. 진도 출신 만성 스님이 해인사에서 큰스님 되신 것은 진도 해신님과 삼신할매가 도우신 거지요. 만성 스님은 이곳에 계실 때 정말 소리꾼 중의 소리꾼이 아녔어라? 스님 되신 지도 벌써 10년이 넘으셨으니 이젠 도인이십니다. 어디 금이 녹습니까? 우리 선상님이신 만성 스님께서 고향에 오셨으니 한번 해봐야 되지 안것오? 진도아리랑을 함 들어보고 스님을 환영할지 말지 결정해야 할 거지라?"

"암요, 암요, 그렇지라."

"만성은 스님이라 해도 그라도 우리들 선상님 아니셔라?" 여기저기에서 박수가 터져 나오는데, 스님은 멋쩍어만 합니다. 만성 스님이 일어나 굽신하고는 말하기를 "지는요, 창이고 뭐고 다 잊어서라. 까먹어부렀소. 그랑께 오늘 이렇게 환영회란 걸 해주는 거는 참 고맙고요, 참 좋긴 존디 지는 스님 아니오? 그랑께 여기 이장님께서 그냥 한번 쪼께 해보소." 여기저기에서 "안 된당게. 우째 선상님을 놔두고 그랑께 지들이 우찌 하것소잉? 만성 스님은 우리 선상님인디, 그라도 우리 동리에서 매번 진도아리랑 대회 나갔다 하믄 1등 해부렀잖소? 그라니 우리 동리가 진도를 대표한다 이말여! 출가한 스님이라 해도 아무리 그랑께, 그 뭣셔, 그랑께 그 뭐더라, 예는 그냥 고향이 아닌겨? 조상님 대대로 살은 땅이지라."

이장님은 계속 마이크를 잡고 스님을 설득합니다.

"아무리 출가한 스님이라도 조상 없것소? 스님은 그냥 스님이 아니지라. 지가 뭐, 옛날로 치자면 에 또, 연개소문의 후손이 오셔서 이곳에 고구려의 혼을 심었지라. 그라고 성장시키고, 선조로 올라가면 고구려 황제 가문의 외척 아닌가베? 예 와서 사시고 장보고 장군님과도 외척벌이시고, 하여간 고구려 황가의 일가이었으니 어찌 우리들이 션찬히 대접하것소잉? 그라니께 오늘은 만성 스님이 아니시구 고구려의 후손으로서 한번 빼보소. 자 여러분 안 그렇소?"

동리 이장께서 일장연설하고 나니 박수가 만발하고 이제 모두 만성 스님만 바라보지요. 나도 스님을 슬쩍 보니 싫지는 않은 눈치였지요. 만성 스님이 자리에서 일어나더니, "그럼 할 수 없지라, 지가 한번 해보것오잉."

(……)

노다가세 노다가세~

노다가 가세~~

저 달이 떴다 지도록 노다가 가세~~

아직 갈 날이 한창 멀었구먼

160

뭔 일이 있었는지 드럽드록 서럽네요.

아리랑 쓰리랑 아라리가 났네~~~~

아직은 날도 한창 멀었구먼,

여보게 어딜 간단 말이오……

이렇게 구성지게 사설을 읊어대니 진도아리랑과 서도창의 진가를 보여주는데 제가 만성 스님의 창에 그만 취하고 말았지요. 그날 밤은 그렇게 보름달이 서쪽으로 다 기울 때까지 이어졌습니다. 스님의 옛집에서 잠을 청하나 방금 치르던 환영회가 계속 떠올라서 눈이 감기지 않는 것이었습니다. 만성 스님이 나를 힐끗 보며 말합니다. "노산! 이곳 진도라는 곳이 이런 곳이여! 승가와는 안 어울리지만 여긴 애환이 많은 곳이여! 예로부터 중앙에서 귀향 와 자손들이 정착하고 그리고 천대에 갖은 설움으로 진도아리랑이라는 특수한 문화 환경이 생긴 것이지. 그렇게 남도창의 본고장이 되었어." 만성 스님은 은근히 고장을 자랑도 하고 고대 역사까지 강설을 하며, 우리는 밤새도록 잠 못 들고 진도라는 고장의 역사를 썼다가 지우기를 몇 번이나 하였지요. 그리고 만성은 신편 아리랑이라며 한참을 읊어대는데 그야말로 혼자 듣기 아까웠습니다.

신편 진도아리랑

하늘만큼이나 저 높은 곳에
하늘만큼이나 저 넓은 곳에
오~ 그대와 아리랑 아리랑 아라리오.
떨어지는 폭포수 산산이 부서져 내려
실비단 한 필 하늘에서 내려와 아리랑!
그대와 호젓한 사랑 꽃 피어나는 연못에
떠내려 떠내려 둥둥 떠내려~~

아리랑 아리랑 아라리오.
진도 앞바다 파도처럼
그렇게 떠밀려 떠밀려 두둥실 떠밀려

둘이 얼싸안고 서리서리
꿈속으로 밀려가고 밀려오는 꿈속 같은 사랑
아리랑. 아리랑. 아라리오.

비단인가 하였더니 그대 살결이라.

아리랑 아리랑

가도 가도 끝없는 인생길.

떠내려 떠내려 두둥실 떠내려간다.

가도 가도 끝없는 인생길

아리랑 아리랑

저 달이 서럽게 토해내는 아리랑 아리랑 아라리오.

30. 아랑녀의 유산

오래전 일입니다. 서축사에서 동冬결제를 지내고 갈 곳 없어 누더기 빨아 널어 마르기만 기다렸지요. 산중이라 춥기도 하고 누더기는 솜까지 들었으니 아마도 마르자면 1주일은 기다려야 합니다. 대개 스님들이 겨울 지나면 누더기 옷을 빨래하는데 해제하기 전에 하지요. 나는 어찌어찌하다가 그만 해제 날 선방 스님들이 모두 떠나고 난 후 갈 곳도 없고 기다리는 사람도 없으니 누더기나 빨자 했지요. 해제하고 다음 날 만성이 찾아왔습니다. 오자마자 갈 데가 있다며 나가자는 것이었지요. 누더기를 가리키니, 중이 그 무거운 누더기 하나 버리지 못하느냐고 핀잔을 줍니다. 육신도 무겁기만 한데 30년도 더 된 누더기까지 걸치고 무거워 어찌 살 것이냐는 거지요. 그것 입고 도인 행세할 거냐면서 한참 훈계를 듣고 나니 저절로 고개가 끄덕여집니다. 만성은 삼척 무릉계곡의 자신의 토굴로 가서는 무슨 악보를 보여주는데요. 전혀 알 수 없는 악보 노트를 십여 권이나 보여주는 거였지요. 이게 뭐냐고 물으니 자신이 작곡한 신곡神曲 아리랑이라는 거였는데, 이것을 왜 나에게 보여주는지 모르지요. 만성은 한국적이고 가장 한국적인 신곡을 만들어보고 싶다는 겁니다. 그래서 어느 날부터인가 자신이 생각나는 아리랑 곡을 썼다는 것이지요. 음악에 문외한인 내게 보여주는 것은 아마도 자랑하고 싶었던 것 같았습니다.

"만성! 나는 이게 뭔지 몰라. 이런 것은 아마도 음대 교수에게 보여줘야 하지 않을까? 아니면 국악하는 전문가에게?"
만성은 손을 내저으며 하는 말이
"아직 누구에게 보여주고 말고 할 일이 아니고, 노산에게 우선 보여주고 허락받으려고 하는 거지 뭐!"
"내게 허락? 허허, 내 참! 왜 내 허락을 받아야 해?"
"그게 아니고 노산이 전에 나보고 그랬잖아. 중이 참선하고, 교학도 하고, 포교하는 것이 우리들 소임이라고! 출가승이 무슨 서도창 남도창하며 살 것이냐고? 그래서 노산한테 내 마음을 얘기해보려는 거지."라고 하는 만성은 진지하였습니다. 그렇게 우리는 밤새도록 아리랑 신곡에 대한 이야기를 하였습니다.

몇 년이 흐른 후 마침 나는 밀양에 갈 일이 있었습니다. 도반 서西 대사가 밀양으로 초대한 것이었지요. 밀양에 연꽃미소를 담겠다고 하니 나는 웃었지요. 연꽃이 필 때가 아니어도 연꽃 미소를 담겠다는 서 대사가 부러웠습니다. 그날은 바로 밀양 아리랑 축제날이었습니다. 나는 건성건성 주변 구경하고 있는데요. 사람들이 얼마나 많이 왔는지 아마도 밀양 시민이 다 온 듯했지요. 영남루뿐만 아니라 주변 모든 도로와 공터는 인산인해였습니다. 영남루는 밀양의 제1경입니다. 절벽 위에 세워진 누樓 아래는 낙동강이 유유히 흐르는데 소동파의 적벽부가 생각나게 하는 곳입니다. 강에는 여러 척의 유람선이 강물에 떠내려가는데 금방이라도 강물 위에 아랑 아씨가 미소 지으며 나타날 것 같았지요. 밀양 아리랑도 역시 세계 유네스코 무형문화재입니다. 밀양아리랑은 조선시대 윤 뭐라 하는 부사가 부임해왔는데 부사의 외동딸이 아랑이라 하지요. 어찌나 예뻤던지 남정네들이 마음을 다 빼앗겼다네요. 관아에 있는 심부름꾼 주기라는 머슴이 유모와 내통하여 보름달 구경 나온 아랑 아씨를 욕보이려 하자 거부하니 그만 살해했다는 것이었지요. 지금도 영남루 아래 강가에는 그의 혼을 위로하는 아랑각이 있습니다. 해마다 무봉사에서 아랑 아씨 위령제도 지낸다고도 합니다. 나는 밀양아리랑에 대한 이야기를 담은 작은 책자를 보고 있는데 낯익은 이름이 호명되는 겁니다. 만성 스님이었습니다. 아니 만성이? 다급히 사람 사이를 뚫고 들어가 누각 앞에 이르니 만성 스님은 마이크 앞에 서 있었지요. 놀라운 모습이었습니다. 웬 도포 자락에 커다란 갓까지 쓰고 말이지요. 와! 이건 파격이야, 파격. 몇 년 전에 내게 보여주었던 아리랑 신곡神曲을 풀어낼 작정이었던 게지요.

  "아 리 랑~~

  아 리 랑~~

  아 라 리오~~~ 아리 랑. 아리 랑. 아라리오~~~ 동지섣달, 눈이 폴폴 내리는 밤에, 아 리 랑~~~" 하면서 풀어내는 신편 밀양아리랑과 진도아리랑, 정선아리랑까지 섞어 읊어 대는데 온몸에 감전된 듯 전율이 왔지요. 그의 목소리는 호소력이 있으며 몸짓은 신들린 듯하였습니다.

20대 젊은이들도 자신의 팔뚝을 보여주며 소름 돋는다고 놀라는 표정이었지요. 그러니까 거기에 있던 모든 사람들은 만성의 신곡神曲 아리랑에 취해 있었지요. 여인네들은 하나같이 눈물까지 흘리는 것이었습니다. 더욱이나 가야금과 장구, 북, 드럼, 피아노와 바이올린, 관악기 음이 가장 센 트럼펫까지 등장시켰으니 이것은 상상이 잘 안 되는 구성 같은데 환상이었지요. 임동창의 피아노와 국악 퍼포먼스를 보는 것 같았습니다.

수년 전에 부산에서 세계 민속음악 올림픽이 있었는데 그때 출연했던 내몽골 여인들이 불러재낀 아리랑은 상상을 초월하는 고음이었는데, 그때 참관했다가 나는 혼을 다 뺏긴 적이 있었습니다. 천상의 소리였지요. 오늘 만성 스님이 혼자 한 30분가량 신곡 아리랑을 풀어내는데 그때의 생각이 떠올랐습니다. 저음과 고음, 초고음까지 자유롭게 넘나드는 소리는 노래가 아니고 그냥 천운天韻이었습니다. 그렇게 신곡 아리랑을 다 부르고 내려온 만성은 땀에 흠뻑 젖어 있었지요. 혼신의 힘을 다했음을 보여주었지요. 내가 만성 앞에서 박수를 천천히 치며 맞이하니 만성은 놀랍니다. "노산이? 어찌 된 일이야. 난 아무에게도 알리지 않고 왔는데? 어찌 알고 왔어?" 당황하며 놀라고 그러면서 반가워하기도 하고 자신의 모습에 멋쩍은지 미소 지으면서도 좋아하는 것을 보니 우린 참 좋은 친구라고 생각했습니다.

만성도 한편으론 내가 그 자리에 와 있다는 것에 기뻐하는 것 같았습니다. "정말 잘했소. 엄청났어, 나는 생각지도 못한 신세계에 와 있는 듯하였으니 말이야! 이것은 아마도 드보르작이 뉴욕에서 펼친 신세계 교향곡에 버금간다 할 수 있을 거야." 난 만성이 신곡神曲을 쓴다 할 때만 해도 솔직히 안 믿었지요. 그런데 굉장했습니다. 소름 돋을 정도이었습니다. 그리고 저 강물 위에 아랑 아씨가 사뭇 얼비치며 너울너울 춤까지 추고 있는 듯한 감정에 빠지기도 하였습니다. 여기 있는 사람들의 눈동자 속에는 그 강물 속에 얼비친 아랑 아씨가 있었습니다. 하여간 만성은 눈이 휘둥그레지며

"정말 그랬어?" 하는 것이었지요. "정말이야. 만성의 노랫가락과 동서양의 악기에서 나는 신비스러운 비곡秘曲에 사람들은 취한 것처럼 보이기도 하고 말이야." 만성도 만족한 듯 웃으며 "정말 아랑 아씨가 강물에 얼비쳤어?" 묻고 또 묻습니다. "그럼, 그렇다니까. 저기 봐! 물결과 물결 사이로 산 그림자와 어울려 수면 위에서 너울너울 춤추잖아!" 안 보인다는 만성의 말에 더 재미있었습니다.

그때였지요. 바람이 강물을 쏴아 소리 내며 쓸고 지나가니 강물은 은빛 물결 속에 영남 밀양 축제가 다 얼비치고, 신곡에 취한 수많은 사람들이 강물 위에 나타났다가는 지워지고 나타났다가 지워지는 듯이 보였습니다. 끝도 없이 서사시를 읊듯 풀어내는 만성의 아리랑 신곡은 역사의 한 페이지를 썼다 할 수 있습니다.

꿈

밤새 흐느끼며 바라본 달
아침에 깨어나니 저 달이
흰 구름 쫓아 떠간 언저리에

영롱한 이슬이 맺어

그 속에 작은 달이 있어라

31. 애야 가지 마라, 다 죽었다

〈바람과 함께 사라지다〉란 영화가 선풍을 일으키고 전국에 많은 사람들이 설렜던 시절입니다. 논산에 한 노비구니 스님 절에 젊은 스님들 몇 분과 신도들이 대전으로 〈바람과 함께 사라지다〉란 영화를 보러 갔다지요. 영화가 얼마나 실감 나는지 모두가 입이 쩍 벌어질 정도였답니다. 대형 스크린에 펼쳐지는 화면은 사람들을 압도할 만하지요. 소위 시네마극장이라 부르던 시절이었지요. 〈바람과 함께 사라지다〉 영화는 세계 2차 대전을 영화화한 것이지요. 흑백에서 컬러로 바뀐 화면에 사람들은 놀라고도 남지요. 전 세계는 영화에 푹 빠져 영화가 곧 삶의 한 부분이었던 시절이었습니다.

비구니 스님들이 영화를 잘 보고 감동받아서 절에 돌아가서 꼭 우리 노스님 보여드려야 하겠다 맘먹고 돌아오니, 노비구니 스님이 "영화 어떻더냐?" [참고로 노비구니 스님은 영화라는 것을 본 적이 없었다.]

"네! 스님, 영화 정말 재미있었습니다."

영화를 못 본 신도 분들이 노비구니 스님을 모시고 대전에 영화를 보러 갔다지요. 극장 안은 불이 꺼지고 커다란 화면에 실감 나는 영화가 시작되는데, 노비구니 스님은 연신 눈물을 흘리며 우시더랍니다. "아이구, 어째. 다 죽네, 다 죽어! 불쌍해라. 불쌍해라."를 연발하고는 돌아올 때에도 연신 불쌍하다는 말만 하시고 절에 오셨다지요.

제자들이 "스님, 좋으셨어요?"

"좋긴 뭘 좋아. 전쟁이 났어. 어느 나란지는 모르는데 우리나라 6·25 때보다도 더 끔찍해." 그리시더랍니다. 그때 영화를 못 본 상좌스님이 "나도 보러 가야지~" 하니,

"얘야, 갈 필요 없다."

"왜요? 노스님?"

"다~ 죽었다. 다 죽었어!" 하였답니다. 가상의 경계와 현

실의 경계가 구분이 잘 안 됐던 순박한 시골 노비구니 스님
의 일성에 일순간 웃음 짓게 하는 시간이었습니다.

달빛과 산사

해 넘은 산마을
산사는 고요 속에 잠겨 있습니다
추녀 끝에 인경소리만 도량을 지키는데
불까지 꺼지니 하늘엔 별빛만 가득합니다

눈 뜨면 다 비치는 것

32. 백운교白雲橋 난간에 앉아서

생각해봐도 아득한 옛날이었습니다. 들녘엔 보리가 누렇게 익어갈 때이었습니다. 어느 날 문득 '나는 누구인가?'란 의문을 갖고 있었는데 마침 탁발 온 스님에게 이 질문을 하였더니, 스님은 힐끗 나를 쳐다보더니 이거나 읽어보라며 책 한 권 집어 던지고 갔지요. 제목이 『불국사의 비화』란 책이었는데 밤새 읽고 나니 궁금하기 짝이 없었지요. 산에 가서 나무를 하면서도 소 먹일 풀을 베면서도 온통 불국사가 내 머릿속을 점령해 있었습니다. 그 후로 나는 출가하여 불국사에서 불 때고 밥하는 일을 하기도 했지요. 불국사에 있으면서도 여전히 『불국사의 비화』 속에 나오는 주인공이며 불국사를 창건한 김대성이는 내 머릿속을 떠나지 않았습니다. 숙제를 풀지 못하고 그곳을 떠난 후로 이 절 저 절 전전하면서도 여전히 마찬가지이었습니다.

70년대 초 어느 해인가 가을이었습니다. 도반 석두石頭 스님이 불국사에 있다는 말을 전해 듣고 갔는데 스님은 어제 걸망 지고 불국사를 떠났다고 하여 낙담했지요. 법당에 들러 참배하고 법당 앞 돌계단에 앉아 석가탑과 다보탑을 보고 감격하였습니다. 전설 속의 탑이었으니 그랬을 것입니다. 특히 석가탑의 담백한 조형미는 우리나라 어느 탑에서도 찾을 수 없습니다. 돌탑은 결이 부드럽고 따뜻하였습니다. 천년이 지났어도 뽀얗고 깨끗함은 변함이 없습니다. 다보탑은 더욱 신비스러웠지요. 사각, 삼 층, 오 층, 다층 돌탑은 많이 있으나 다보탑의 형식은 우리나라에 단 하나뿐입니다.

한참 동안 탑을 바라보다가 자리에서 일어났습니다. 저 앞에 누각이 보입니다. 구름 위에 떠 있는 듯한, 당장이라도 날아서 하늘 높이 날 듯한 누각입니다. 바로 부영루浮影樓이지요. 이름이 '떠다니는 그림자'란 뜻의 누각입니다. 내가 본 누각 가운데 제일 으뜸이라 할 수 있지요. 부영루를 받치는 돌층계는 마치 구름을 가져다가 조각하여 맞춰놓은 듯하지요. 천삼백여 년 전의 건축이라니, 조각의 기교는 예술의 극치를 보는 것 같았습니다. 나는 부영루로 가 난간에 걸터앉아서 멀리 바라봅니다. 저녁 해가 붉게 물드니 비로소 왜 자하문인지를 알 수 있는 자태입니다. 자하紫霞는 저녁노을에 붉게 물든다는 뜻이니 말입니다. 저녁노을에 물든 자하문은 한 폭의 그림입니다. 뜰 앞의 소나무 그림자가 바람에 어른거리니 마치 불꽃이 어른거리는 듯합니다.

나는 다시 백운교로 가서 계단에 앉아 옛사람들의 돌 쪼는 징 소리를 듣습니다. 백운교에도 노을이 짙게 드리워져 내 승의도 아른하게 붉게 물들고 있었지요. 그때 저 멀리에서 한 노승이 지팡이를 잡고 걸어오고 있었습니다. 그 모습이 마치 인도의 기원정사에서 노비구가 걸어오는 것같이 보이기까지 했습니다. 당당한 모습에 돌계단에서 벌떡 일어나 노승을 바라봅니다. 노란 가사에 짙은 노을이 흠뻑 물들어 더 짙붉었지요. 걸어오는 모습은 말 못 할 성스러움이 보이기까지 했습니다. 점점 가까이 노승이 와서는 자하문 앞 청운교를 오르시더니 한 걸음 한 걸음 백운교까지 올라와 나를 보시고는 노승은 계단에 걸터앉아 계셨지요. 나는 가까이 다가가서 공손히 예를 올렸습니다. 많이 뵈어왔던 노스님 같았으나 도무지 생각이 나질 않습니다. 그때 "수좌는 어디서 왔는~고?" 저의 이름과 절에서 받은 법명, 그리고 "사실 저는 어디서 왔는지 모릅니다. 세상에 떠돌고 있는 중생입니다." 하고 인사 겸 자신을 소개하였습니다.

스님의 근황을 조심스럽게 여쭈니, 노스님은 이리 말씀하시는 겁니다. "나는 온 곳 없이 오기도 하며 가는 곳 없이 가기도 한다. 밝은 달빛이 온 산하를 비추는구나." 하시는데 마치 부처님처럼 위엄이 있어 보였습니다. 제가 조심스럽게 또 여쭈었지요. "노스님께서는 해 질 녘에 이곳 불국사까지 어찌 걸음 하셨는지요?" 하니 "나는 여기 불국사에서 산다." 했습니다. 그리고 노스님은 내 손을 꼭 잡고 불국사 창건 이야기와 김대성의 신심과 아사달과 아사녀의 이야기, 무영탑 석가탑이 영지影池에 떠오르지 않은 이야기며 석굴암 불상 조성 이야기, 신라 법흥왕의 어머니인 영제迎帝 부인의 발원으로 도량이 이뤄진 이야기 등 신비스럽고도 경이로운 인연 이야기를 보름달이 서산에 걸칠 때까지 말씀하시는데, 숨

막힐 정도로 기쁘고 이때만큼 감격해본 적도 없었습니다.

　얼마간 침묵이 흐른 후 조심스럽게 큰스님의 법호를 여
쭈었습니다. 그때 노승께서는 웃으시면서 말씀해주셨지요.
"내 법호라? 세상엔 이름할 것 없는 것을 이름하고, 지음 없
이 지음이니 무엇을 굳이 이름 지을 것인가? 원래 그렇게 세
상에 오며 또 그렇게 가기도 한다. 그러나 사람들은 나를 법
성法性이라고 부르지. 그래 나도 그 이름이 나에게 맞는다고
생각해서 쓰고 있을 뿐이야. 별호는 '달빛 산'이지." 하였습
니다. 나는 도시 무슨 말씀인지 몰라 어리둥절하고 있는데,
노스님은 지팡이 잡고 일어나더니 내 손을 잡고 도량 안으로
들어갔습니다. 석가탑과 다보탑 사잇길로 걸어서 법당으로
들어가시는 것이었지요. 나도 따라 들어가 부처님 전에 삼
배를 드리고 보니 노스님은 보이질 않습니다. '절하는 사이
어디 가셨나?' 아무리 살펴도 노스님은 안 보였습니다. 나는
마룻바닥에 앉아서 연화좌대에 앉아계신 부처님을 바라보
고 또 바라보기만 했습니다.

　법당에서 나와 보니 여명이 밝아오는데 금방 동녘의 아침

햇살이 자하문과 부영루 등 불국사 도량을 환하게 비추었습니다. 아침에 불국사 스님들과 함께 공양을 마치고 법성法性 노스님을 뵙고 밤새도록 이야기했다 하니 스님들은 웃기만 하였습니다. 산문을 내려오다 영지影池를 발견하고 들여다보니 노승과 무영탑, 다보탑, 자하문과 부영루, 그리고 천년 고찰이 저녁노을에 붉게 물들어 있는 모습까지 영지에 고스란히 얼비치어 떠올라 있었습니다.

무영탑 소회

멀고 먼 이국땅
아사녀님 찾아왔건만
돌 깨는 소리만 메아리치고
탑 이루면 비친다는 영지影池에
식음 놓고 기다리는 아사녀

소쩍새 슬피 울더니
산야에 진달래 피고
먹구름 소낙비 천둥소리 나더니

들녘에 벼 익어가는데
어느덧 토함산엔 눈 날리네

무엇이 그리 사무칠까
돌 깨는 소리도 들리지 않는데
새들은 깊이 잠들고
영지에 비친 산 외로운데
아사녀 고운 신만 남아 있다

33. 가야산 앵금이 이야기

60년대 해인사에 아주 보기 드문 기인奇人이 살고 있었습니다. 손에는 늘 앵금을 들고 다녔습니다. 해금이라고도 하지요. 기인은 겨울에는 안 보이다가 복사꽃 필 무렵이면 나타나는 분인데요. 말을 그리 잘했지요. 일주문 앞 부도전에 앉아서 앵금을 들고

"아가야?"

"앵! 왜 그래?"

'앵' 소리는 앵금을 활로 그어서 내는 소리이고, '아가야' 또는 '왜 그래'는 기인이 내는 말입니다. 앵금 소리에 맞춰서 말하지요. 스스로 앞을 못 본다고 하지만 다 보는 듯했지요.

지나는 산중 스님들 이름은 죄다 알고 있으니까요.

"노전 스님 발자국 소리지? 아닌가?"

"애애앵."

'애애앵'은 부정하는 소리. 이렇게 스님들과 도 닦는 이야기 할라치면 아무도 당해낼 수가 없었는데요. 늘 조롱박에 막걸리를 담아 옆구리에 차고 다녔습니다. 그리고 기인이 밥 먹는 것을 본 사람이 없었다 하지요. 나도 해인사에서 밥 도둑하고 있을 때 하도 궁금해서 기인에게 이름을 물었습니다. "성함이 어찌 되시는지요?"

"앵, 노산 시님이네. 내 이름 물었지예?"

"예."

"앵금아. 내 이름이 뭐고?"

"앵, 니 이름? 니 이름 떡기비 아이가?"

"앵금이가 지 이름이 떡기비라 카네요."

"그러지 마시고 진짜 이름이 뭐라 하는데요?"

"앵금이한테 다시 물어보겠심더."

"앵금아. 노산 시님이 점잖게 내 이름이 뭐라 카는가 하시고 물으시는데 진짜 내 이름이 뭐꼬?"

"니 이름 원래는 복덕福德이인데 니가 난 디지게 복도 없

185

는디 복덕이라 칸다꼬 싫다 캐서 니 아부지가 다시 지은 이름은 장부라 캤는데 장부는커녕 앵금이하고만 논다꼬 앵노鴬努라 안 캤나. 그러니까 니 이름은 앵노인기라."

"시님, 지 이름이 앵노라 카네요."

(……)

"스님, 공양 드셨습니꺼?"

"예."

"지두 공양이란 걸 해야 하는디 저 마을 가서 국시나 하게 좀?"

"앵금아, 앵."

"시님이 돈 주실끼다."

"시님요. 지가 꼭 요것만은 묻고 싶은데 답해주실랍니꺼?"

"말씀해보시지요."

"지가요. 그동안 해인사 큰시님들에게 물어봤지예."

(……)

"부처님은 최초에 무슨 말씀하셨습니까? 하고 노전시님한테 물었더니, 금강경에 다 씌어 있다고만 하고 강주시님한테 물었더니 화엄경에 다 씌어 있다 카고예. 또 방장시님은 다 실데없고 '이 뭣꼬' 카믄 덴다 카는디예. 뭔 말이 옳은

지 지가 헷갈리는기라. 예, 시님요. 부처님은 최초에 무슨 말씀 했심니꺼?"

"아무 말씀 안 하셨습니다."

"그라믄 팔만대장경은 다 뭔데예?"

"부처님 말씀이지요."

"말씀하신 적 없으시다꼬 방금 안캤심니꺼?"

"그랬지요."

"아이고, 내참. 무슨 말씀인지 모르게심더. 지는 중생인지라 둔해서리 못 알아듣심더. 자세히 가르쳐주시야지예."

"앵노께서는 부처님 말씀 믿으시나요?"

"그라믄요. 믿지예."

"방금 지는 중생이라고 하셨는데 앵노가 중생이라고 누가 가르쳐주었는지요?"

"예?"

"그냥 지가 중생이니까 중생인가 하고 항상 중생이라고 하며 사는 것이니 지 같은 인간은 중생 아닙니꺼?"

"방금 부처님 믿으십니까 하니 믿는다 했습니다. 그런데 어디에 중생이 있다고 합니까?"

(……)

"부처님은 법의 성품이니 법성法性이 바로 부처님입니다."

"지는 그런 것 잘 모릅니더."

"부처님은 모든 중생의 마음이 바로 부처라고 했으니 앵노께서도 마음이란 거 있으니 그 마음에 부처님이 계시지요."

내 말을 듣고 한참 동안 눈물을 줄줄 흘리더니 일어나 걸으면서 이러는 겁니다.

"앵금아!"

"앵."

"시님이 미쳤지. 내 보고 내 안에 부처님이 있다 안 카나."

그러면서 앵노는 지팡이를 잡고 천천히 걸어 산을 내려가는데 그 모습이 고승이 걸어가는 모습 같았습니다.

그런 일이 있고 얼마 후에 부도전 앞을 지나는데 스스로 앵노라는 분이 보이질 않았습니다. 그 후로도 어떤 스님도 앵노를 본 사람이 없다고 하였지요. 나는 해인사 부도전 앞을 지날 때면 앵노란 분이 있는 모습을 떠올리곤 합니다.

한 사람

온갖 나무들이 꽃 피고 잎 나
숲을 이루는 역사를 할 제
나는 그들 속에 나는 한 마리 새

온갖 꽃들이 산천에 가득할 때
그때 그 산천을
한 사람이 걸어갑니다

34. 섬진강 매화가 필 무렵

섬진강의 진경은 구례에서부터 하동을 지나는 그곳이어야 섬진강의 진경입니다. 그것도 무조건 봄이어야 합니다. 이른 봄부터 늦봄까지 섬진강에는 이야기들이 있습니다.

내 도반 서㠪 대사가 쌍계사에서 중책을 맞고 있을 때, 도반들 여럿이 갔던 적이 있었습니다. 벚꽃이 피기 전이어서 들녘은 아직 겨울인 듯 보이는데, 강 건너편 비탈진 산 언덕배기에는 마치 팝콘 튀겨놓은 듯 몽실 뭉실한 하얀 꽃들과 어느 곳은 붉은 꽃이 뭉게구름 피어오르는 듯 강가를 수놓았는데, 이것은 사람이 만들어 놓은 것 같아 보이질 않고 저

절로 이뤄진 듯 보입니다. 하늘에서 선녀가 방금이라도 내려와 잔치를 벌일 것 같기도 하지요. 내가 서 대사 보고 매화 꽃구경 가자 하니 웬 거룩한 스님이 무슨 꽃구경이냐면서 태배기를 주는데, 나는 참을 수 없었지요. '죽으면 올 수 없을지도 모르니 맘 낸 김에 가자고' 해도 모두 꿈쩍도 안 하고 혼자 가라는 것이었지요. 적어도 신선이 되려면 방 안 분재에 있는 매화보다 산야에 화들짝 핀 매화를 보고 나서야 이야기가 안 되겠는가 라며 우겨서 겨우 우리 일행은 섬진강 강가에 가 건너다보니 "햐!" 소리가 절로 나는 매화꽃 향기며 산야에 펼쳐진 모습은 참으로 진풍경이었습니다. 강 하나 사이를 두고 경상도와 전라도가 나뉘어 있는데 말씨가 전혀 다른 동네이었지요. 노래에도 나오는 '화계장터'가 바로 그곳입니다. 섬진강은 물 맑기가 유명할 뿐만이 아니라 섬진강 아름다운 5백 리 길 내려오며 수많은 이야기들, 전라도 동편제나 서도창의 명인이나 춘향이 본고장인 남원 땅과 구례 화엄사를 거쳐 차의 산지 하동 쌍계사까지 인정人情이 동리마다 마을마다 쌓인 곳, 그곳이 바로 섬진강이라면 우리나라 그 어떤 강줄기에 얽힌 이야기보다 풍성해서 꼭 가보지 않으면 안 될 그곳이 바로 섬진강입니다. 재첩이며 은어 또

한 명산지이고, 매실 산지가 바로 섬진강변에서 익어간다는 것, 박경리의 대하소설『토지』가 바로 섬진강을 두고 하동 땅이 주 무대인 것만 보아도 그곳의 풍습과 문화가 어떻게 이뤄진 것인지 짐작하게 합니다. 우리 일행 스님들 예닐곱 명이 나룻배를 타고 강을 건너니 화천 마을에서부터 강 하구 다압면 지나 섬진강 하구에 이르기까지 10여 킬로미터에 이르는 산비탈 언덕을 점령하고 있는 것은 몽땅 매화꽃이었지요. 스님이 매화 향기 좋다 하면 허물이 될 것이라면서 웃고 떠들고 난리가 났지요. 코로만 음미하고 눈으로만 보자고 하고서도 모두가 마치 소년들처럼 매양 좋아서 입가 미소가 떠나질 않았습니다. 운산雲山 대사가 말하기를 "여기 안 왔으면 큰일 날 뻔했네. 건너편에서 보는 것하고는 많이 다르다." 하며 "여기 매화나무 아래에서 주안상 차려놓고 창이라도 한 번 빼야 하는 거 아녀. 노산 어찌 생각해?" 하는 것이었지요. 모두가 이구동성으로 하는 말들이 다 똑같았습니다. "맞아. 맞아!" 연발 굉장하다는 말만 나오는데, 마침 이 지역의 촌장 격인 한 분이 와서 인사하면서 자기 집에 초대하여 갔습니다. 장독만 해도 수백 개도 넘는 것이었지요. 매실장아찌에 구수한 된장국에 그렇게 밥상을 받고 매실수까지 나오니 이것은 세상에서는 받아보지 못하는 대접을 받은 것입니다. 연둣빛 초록의 풀밭에서 나는 봄 향기는 그 자체가 힐링이 되는 것 같았습니다. 그렇게 겨울의 때가 덕지덕지 온 몸과 마음의 땅에 눌러 붙었던 것이 봄을 맘껏 온몸으로 느끼게 되니 이것은 세상에 태어나서 누리는 호사가 아닐 수 없습니다. 도반들은 화계에 돌아왔고, 서酉 대사가 말합니다. 이제 자신의 암자에 돌아가 뒷산에 매화를 심어야겠다고. 또 한 스님은 우선 우리 절 뒷동산에 가서 봄이 와 있는지 확인해봐야겠다고 하고, 또 한 도반은 법당 앞에 매화나무를 심어 매년 봄소식을 봐야겠다고 하는 등 모두 한결같이 입에서 매화꽃이 떠나지 않았습니다.

매화의 속내는
이왕 필 거면 일찍 피어나
매화꽃 향기
온 산하에 흩뿌리리라

35. 백제의 미소

    내 도반 스님 중에 휴경休耕이라는 스님이 있습니다. 원래
는 법명이 남전南田인데 게을러 밭에 풀을 뽑지 않아 경작을
않는다 하여 휴경이라고 스스로 그렇게 부르는 선사이지요.
이 스님이 바로 백제 또는 동방의 미소로 불리는 서산 마애
불 고장인 운산 사람입니다. 이 스님을 만난 것은 우연히 기
차 안에서이지요. "노산, 잘 만났어. 그러잖아도 꼭 만나고
싶었는데, 그 뭐냐 하면, 그거 말이야. 전에 노산老山이 백제
의 미소 부처님은 스스로 세상에 나왔다 했던 그 백제의 미
소, 마애불상, 그곳 그 근처에 보원사지란 곳이 있는데, 그
게 뭐냐 하면 탑도 있고, 비석도 있고, 그곳에 한번 안 갈 거

야?" 말을 더듬거리며 밑도 끝도 없이 말하는 휴경은 만나자마자 보원사지 가보자고 제의하였던 도반입니다. "한번 가볼까." 그렇게 이야기를 나눈 적이 있었는데, 헤어진 후 도통 연락도 안 되고 나도 잊고 있었는데 세월이 십여 년이 훌쩍 지나가 버렸습니다.

어느 날 바람결에 들으니 도반이 보원사지 옆에 토굴을 짓고 살고 있다는 것이었습니다. 열 평도 안 되는 움막을 짓고 거기서 세월을 낚고 있다는 말을 전해 듣고 도반이 부럽다는 생각이 들었지요. 스님들은 가끔 서로 만나 작설차를 놓고 이야기하다 보면 부처가 되었다가 보살이 되었다가 중생이 되었다가, 천하를 몇 바퀴씩 돌고 뭐 그렇게 노는 재미가 있습니다. 그 도반은 부지런한 친구인지라 틀림없이 놀지는 않겠지 하였는데 그랬지요. 얼굴은 검게 타 알아볼 수 없을 정도인데 밝아 보였습니다.

"어이 휴경당, 뭐 한다고 얼굴이 새까매? 이젠 휴경이 아니고 남전이구먼!"

"노산, 여기는 어떻게 알고 온 거야. 반갑소."

그렇게 나는 휴경을 만나 토굴 뜨락에 앉아서 한 시간 동안 도반의 시절 인연을 경청했습니다. 그리고 난 후 나는 급한 김에 백제의 미소를 보러 가자 하니 지금은 미소 지을 때가 아니라는 것입니다.

"뭐야? 돌부처님이 미소 지을 때와 짓지 않을 때도 있단 말이야?"

"그럼!"

"백제 부처님은 아침에만 미소 지어! 그것도 하늘에 구름한 점 없을 때를 좋아하시지!"

난 도시 알 수 없어 "무슨 소리야?" 하면서 그 친구가 가기 싫어하는 것으로 알고 그럼 혼자 가겠다 하니 극구 말리는 것이었지요. 오늘은 여기 보원사지에 얽힌 이야기부터 듣고 천천히 내일 아침에 자신이 안내해 가겠다고 하니 어찌하겠습니까. 못 이기는 체하고 둘이는 백제 시대에 창건되었다는 보원사를 열 번도 더 복원했다가는 허물고 다시 복원하는 이야기를 날이 새도록 하였습니다.

서산 마애삼존불상 발견에 대한 재미있는 이야기가 있습니다. 용현리에 사는 한 나무꾼 이 서방이 부여박물관장에게 이렇게 말했다는 겁니다. "박사님, 제가요. 바위에 새긴 산신 할아버지를 봤는데 가운데 할아버지가 웃고 있고 한쪽에는 본마누라가 돌멩이를 들고 있고, 한쪽은 작은마누라쯤 되는 이가 볼따구니에 손가락으로 용용 죽겠지 하고 있는데, 본마누라는 돌멩이를 들고 때리려고 해도 가운데 산신서방님이 있어서 못 때리는 모습이다."라는 거였지요. 마야불상 이야기는 이렇습니다. '가운데는 석가모니불, 오른쪽에는 재화가라보살, 왼쪽에는 미륵보살 반가사유상'을 나무꾼이 그리 설명한 것이지요.

다음 날 아침 일찍이 햇살이 가야산 골짜기를 밝게 비춰 상큼했습니다. 그쪽 사투리로는 가야산을 개산이라고 합니다. 도반과 천천히 걸으면서 아침 햇살에 눈부신 산의 경치를 보는 호강을 하며 금방 계곡 절벽을 만나 잘 닦인 계단을 오르니 드디어 그 유명한 백제의 미소 삼존불상을 볼 수 있었습니다. 돌부처님이 미소 짓는데 그 뭐랄까, 티 하나 없는 소년의 미소? 예쁜 각시의 미소 같기도 하였지요. 아침 햇살이 비출 때 가야 부처님께서 미소 짓는다는 뜻을 그제야 알아차렸지요. 아침 햇살에 차가운 바윗돌이 부드러운, 여하튼 주황색으로 변하면서 정말 사람처럼 미소를 지어 보이는 것이었지요. 하염없이 바라보고 또 바라봅니다. 이것은 돌을 깎아 부처를 조각한 것이 아니라 원래 돌 속에 부처님이 있었는데 겉돌을 들어내니 거기에 미소불이 있었던 거지요.

한참 동안 바라보고 왜 백제미소불이라 불리는지 알게 되었습니다. 돌부처가 아니라 살아 있는 부처님 같아 보였습니다. 나는 미소 부처님을 찾은 석공을 생각해봤습니다. 불상을 조각한 것이 아니라 차디찬 돌 속에도 따뜻한 부처의 미소가 있음을 찾아낸 것임을 알았습니다.

천년의 미소

가람 골짜기에 낯선 풍경
검은 숲이 가려 보이지 않는 깊은 곳
풍파를 겪은 절벽에 미소가 숨어 있었네

용암이 강물 되어 흐른 깊은 산골짜기에
사다리를 타고 올라
돌을 깎아내 부처를 찾아낸 돌쟁이

천 년 전 돌 찍는 징 소리

오늘까지 지켜낸 부처님의 숨결

나는 그 석수장이가 그립다

36. 진달래 성불받다

오래전 어느 날 남해 보리암을 참배하고 내려오는데, 앞쪽에서 보살님들 여럿이 내려가면서 주고받는 말들을 들었지요. 한 보살이 난 보리암에서 기도하면 성불받는다고 말하고, 아들이 대학에 갔다는 것이었지요. 그러자 또 한 보살이 그럽니다. 뭐니 뭐니 해도 입시 기도는 갓바위 가서 기도해야 성불받는다는 것입니다. 잠자코 듣고 내려가던 노보살이 말하기를 장사하려면 운문사 사리각에 가서 기도하면 성불받는다 하는데, 또 한 보살이 부산 사람들 엄청 다닙니데이, 하고 거듭니다. 참 묘한 기분이 들었습니다. 성불받는다는 말도 그렇지만 수행해야 한다는 부처님 가르침은 쏙 빠지고 성불한다는 것도 아니고 성불받다니? 성불이라는 단어를 이해는 하고 있는 것인지, 성불이라는 말의 뜻을 알고 있을까? 사뭇 호기심이 났습니다. 불자들이 갖고 있는 생각은 무엇일까. 혼자 생각에 잠겨 내려오는데 "스님, 성불하세요." 하고 한 보살이 합장하고 허리를 굽힙니다.

하여간 뒤따라가며 성불 이야기를 많이 들을 수 있어 좋았습니다. 선남선녀들은 기도처 가면 성불한다는 것인데 나는 그저 보살들이 나누는 대화가 재미가 있었습니다. 성불하거나 받거나 그게 그것인 듯, 불자들한테는 성불, 성취, 그게 그것이지요.

산에는 진달래꽃이 만발하고 화창한 봄 날씨가 더할 나위 없어 좋았지요. 내가 "여기 진달래가 활짝 피어 너무 좋지요?" 아까 보리암에서 성불받는다는 보살님이 환하게 웃으며, "참 좋네요." 합니다. "아마도 진달래가 성불한 게지요." 보살이 눈치채고는 의미 있는 웃음을 지으며, "맞지요. 스님! 진달래도 여기저기 꽃들이 만발했는데 모두 성불받은 거지요, 스님." 갓바위 부처님께 성불받는다는 보살님이 말합니다.

"아이고. 그건 식물인데, 성불받나요?" 다른 보살님들이 이구동성으로 "아니야, 쟤들도 성불받았으니 꽃을 피웠지." 합니다.

그렇게 한 시간 가까이 내려오면서 산에 있는 나무들도 모두 성불받는 것으로 결론을 내고 내려오는데, 한 보살님이 심각한 표정으로 물었습니다.

"스님, 진달래도 성불받는데 왜 저는 못 받지요."

"보살님들이 이미 성불받는다고 안 하셨나요? 조금 전 산에서 내려오면서 다 성불받는다고요?"

(……)

"그러니 보살님도 성불하신 것입니다."

"그럼 여기 있는 모든 분들도 다 성불했다는 것인가요?"

"예."

사람마다 가슴속에 참 부처를 숨겨놓고 있는데 이미 다 성불받은 거나 마찬가지이지요. 산이 금을 품고 있으면서 금을 품고 있는 것인 줄 모르는 거와 같지 않을까요? 그러니 걱정하지 마시고 열심히 부처님 품고 살아가는 자신을 잘 지켜보세요, 하면서 하여간 끝도 없이 성불 이야기하며 산을 내려오니 거사들과 보살들의 눈동자엔 이미 성불한 부처님이 있었습니다.

언젠가 도반들과 차담茶談을 하게 되었지요. 나는 문제를 냈습니다. "내가 언젠가 보리암을 참배하고 산을 내려오는데 성불 대화를 듣고 생각난 것이 있다. 한번 답해보시오." 하고 "운문사 사리각, 갓바위 부처님, 보리암 세 곳 중 어느 곳에 가야 성불할 수 있는가?" 하고 문제를 냈습니다.

한 스님은 '껄껄' 웃고

한 스님은 '난 안 들은 것으로 한다' 하고,

한 스님은 '노산이 혼자 성불 놀음하고 다닌다'고 핀잔을 한 푸대나 먹었지요. 결국 나만 바보 되고 말았습니다. 스님들은 이미 다 알고 있었거든요.

산천초목

진달래꽃 만발하면
두견새 날아온다지요
그대
온 산천은 꽃으로 피어납니다

엄동설한 지나면
기다리지 않아도
그대
산천이 성불하여 꽃으로 피어납니다

37. 차와 친구

  몇 년 전 선운사 뒷방에서 죽로차를 즐기는 현賢 대사로부터 전화가 왔습니다. 지금 햇차가 나와 맹그러봤는데 문득 화상이 생각났다는 겁니다. 오고 싶으면 오고, 말고 싶으면 안 와도 상관 안 할 테니 오든 말든 하여간에 오늘내일 내로 소식 주라는 것이었지요. 그렇게 그 도반은 매사 내게 뜻을 다 맡긴다 하는 도반인데, 꼭 그게 그렇게만 들리지 않고 내가 햇차를 만들어놨으니 어서 와서 차 마시며 시회詩會라도 갖자는 뜻이지요. 그러잖아도 근질근질하던 차인데 말이죠. 큰스님께서 굳이 그러시다면 내일 중으로 절 마당까지 갈 거니 적어도 반년 치 차는 차통에 잘 챙겨놓으라고 하고 도반에게 줄 요량으로 차 시를 한 수 지어봤습니다.

　　우전찻잎 한 움큼

　　맷돌에 갈아 진한 그 맛

　　친구 기다리다

　　선창禪窓을 여니 뻐꾸기 운다.

　　먹물이 한지에 곱게 번지듯

　　산천은 연록으로 물들고

　　노랗게 익어가는 보리밭

　　선창禪窓에 차향 퍼져난다.

　　뭐 되지도 않는 시 한 수 지어 보내고 선운사로 달려갔습니다. 부처님은 예나 지금이나 여전히 웃으시는데 법당 앞의 산새들은 포롱포롱 날면서 저들도 봄을 즐기는 듯하였지요. 도반은 만나자마자 차부터 내밀며 "어서 맛봐, 죽여줘! 이거 내가 법제한 거지." 자랑을 합니다. 이 친구는 자신이 법제한 차이니 맛보고 빨리 평가해달라는 뜻인 것 같은데, 그것도 최고라고 평가해달라고 재촉하는 말로 들리니 이미 평가는 틀린 것이지요. 차 맛을 보며 난 입 꽉 다물고 있는데 내 얼굴만 빤히 쳐다봅니다.

"음~~~"

"어때? 괜찮아? 아이구 답답해, 이 친구야! 괜찮아?"

"음, 괜 찮 잖 아."

"그건 무슨 뜻이야?"

"괜찮은 정도가 아니라 일품이야. 굳이 내가 평가할 차가 아니야! 정말 난 이렇게 차향이 깊고 부드러우며 맛있는 차는 마셔본 적이 없어. 백파긍선白坡亘璇 선사의 맥을 잇는 차라 해도 전혀 손색이 없는 차였음을 고백함세. 내가 비록 차엔 문외한이지만, 평가는 9단일세."

둘이는 차를 앞에 놓고 한참 동안 크게 웃었지요. 그렇게 차 이야기를 이어가다가 현賢 대사는 내 옷소매를 잡고 가볼 곳이 있다며 끌고 선운사 계곡 비탈길에 이르러서 작은 샘물을 가리키는 것이었지요. "여기 이 샘물이 좋아. 그래서 내가 이름을 청옥천淸玉泉이라 이름 지었지. 저기 저 안에 푸른 돌, 보이지? 바로 그 돌 틈에서 물이 솟아. 이 샘물이 넘쳐흘러서 선운사 앞 작은 계곡을 흐르는 원천수가 되는 거야. 그러니까 이 샘은 그냥 샘물이 아니야. 땅속의 기운을 품고 세상에 나와 찻물이 되어주니 얼마나 고마운지 모르지." 이렇게 도반은 한참 동안을 샘물 찬송을 하고 난 후에 노산老山이 예까지 왔으니 이 고장에서 제일 유명한 곳을 꼭 가봐야 한다며 간 곳이 채석강이었지요.

"그런데 왜 강이 보이지 않아?"

"아, 여긴 강이 아니라 이름이 채석강이지, 강江이 아니야."

"강도 없는데 왜 채석강이라 했지?"

"그건 나도 모르지! 아마도 여기 지층과 관계있지 않을까?"

우리는 채석강의 해안 절벽을 둘러보았습니다.

"아, 이거였구나!" 하였지요. 수억 년 전에 이루어졌을 지층은 한 층 한 층 서로 다른 돌 층이 마치 오색 시루떡처럼 층층이 서로 다른 색깔로 쌓이고 쌓여서 이뤄진. 그래서 채석彩石이 강물처럼 흐른다 하여 붙여진 이름 같아 보였지요. 우리 한반도를 이루게 되는 억천 년의 세월 속에서 땅속 깊숙이 묻혔다가 융기하여 드러난 서로 다른 지층이 수백 겹으로 쌓인 것을 보고 있노라니 대자연의 위대한 역사가 새삼스러워졌습니다. 어쩌면 수억 년 전에 구르고 굴러다닌 조약돌들도 한 덩어리의 바위로 변하여 자신의 속살을 부끄럽게 보여주고 있는지도 모릅니다.

도반과 한참을 바닷가에서 서성이다 서해 바다 너머로 이지러져 가는 노을을 보니 바다가 온통 노랗게 물듭니다. 한 물결이 이니 만 물결이 일어나 서로 밀고 밀려와서는 채석강 해변 조약돌들을 적십니다. 물에 젖은 작은 조약돌들이 석양의 노을을 받아 반짝이니 조약돌은 수많은 별이 됩니다.

우리는 채석강변의 노을이 아득하게 물든 안개 속 같은 길을 나와, 별을 보면서 산사에 돌아오니 선창에 비친 불빛이 아른거렸습니다.

산문
山門

38. 마삼근麻三斤

송나라 때 동산수초洞山守初라는 걸출한 선사가 있었지요. 출가하여 오랫동안 여러 선사들을 참방하며 수행하였다고 합니다. 출가 후 10여 년을 보내고 그가 찾은 곳은 운문선사입니다. 손에 잡히는 주장자는 그것이 곧 상대방을 제압하는 즐겨 쓰는 방·할 중 하나지요. 동산이 운문 스님을 참방하였는데, 운문 스님은 다짜고짜 "어디서 왔느냐?" 하고 물었습니다.

"사도에서 왔습니다."

"하안거는 어디서 보냈느냐?"

"보자사普慈寺에서 보냈습니다."

"언제 그곳을 떠났는가?"

"8월 25일입니다." 순간 방망이가 등짝에 떨어졌습니다. 그러고는 "내가 너에게 60방의 벌칙을 내린다."

동산은 밤새도록 생각했다고 합니다. '내가 뭘 잘못했지?' 날이 밝자 운문 선사를 찾아갔습니다.

"제자가 무슨 잘못이 있습니까?"

"야! 이 밥통아. 언제까지 강서와 호남을 왔다 갔다 할 건가?"

이 한마디에 대오大悟했답니다.

그것은 그렇다 치고 나는 지금까지 50년도 넘게 동서남북 돌아다니다가 손과 발 모두 잃었습니다. 동산이 운문에게서 들은 이 한마디 '야! 이 밥통아.' 결국 나는 '밥통'입니다.

선가의 한 획을 그은 동산수초 선사가 주석하고 있는 절에 선객이 찾아와 "부처가 무엇입니까?" 하면 동산은 주저 없이 "마삼근麻三斤" 하였다는데 지금까지 천하의 수좌들이 이 한마디에 속아 넘어졌습니다.

산이라 하면 산인 줄 알고

물이라 하면 물인 줄 안다

나는 세월을 스치는 바람이었다.

39. 허공을 땜질한 수행자

당나라 때 호정교胡釘鉸라는 조금 건방진 선객이 있었는데, 나름 안다는 스님이었습니다. 온 동네 다니면서 스스로 도인이라고 자랑깨나 했나 보지요. 어느 날 보수 선사를 찾아갔습니다.

"자네, 호정교 아닌가?"

"예. 맞습니다."

"허공도 땜질할 수 있나?"

"허공을 조각내 오십시오."

그때 보수는 호정교의 뺨을 한 대 치면서 "때워보아라." 하였지요. 호정교가 아무 말 못 하자, 보수가 말하기를 "훗

날 말 많은 할배가 너를 가르칠 거다." 하고는 장삼 자락을 휙~하고 내치면서 방에서 나갔는데, 호정교는 도무지 자신의 잘못이 무엇인지 몰라 어리둥절하고 있는데, 옆에서 이를 지켜보던 사미승이 있다가 깔깔 웃으면서 "저런 바보 같은 스님 봤나, 그것도 못 때워?" 하고는 가버리는 것이었지요.

얼마 후에 우연히 조주 관음원에 갔는데, 100세도 넘은 노승이 있는데 아직도 눈빛이 형형하게 살아 있어 보는 순간 호정교는 엎드려 절을 하고 "말 많은 노승이 있다는데 혹시? 스님이십니까?" 하니 조주는 대꾸 대신 "누구한테서 왔느냐?" 하고 물었습니다. 호정교가 말하길 보수 화상을 뵙고 왔다고 하며 있었던 일을 죄다 말하니, 조주는 호정교에게 "무엇 때문에 그에게 맞았는지 아느냐?"

"허물이 어디에 있는지 모르겠습니다."

"감히 한 대 맞은 것도 땜질 못 하면서 허공을 조각내 오라 했느냐?"

호정교가 이 말에 금방 깨닫고 절을 하니, "자, 이 한 방 터진 것을 때워보아라." 하였는데,

답 대신 호정교는 "분하다. 분하다." 하며 소맷자락을 털

217

면서 돌아가 버렸다 하지요.

보검寶劍

일만 번 두드리고 또 두들겨 패
접고 또 접고 나서
다시 용광로에 들어가길 반복한 후
겨우 쇠다운 쇠로 변한다 하지요

뻘겋게 달궈진 쇳덩어리처럼
달궈 뻘게진 채로 몸을 던져야
세상이 뜨겁게 돌아간다는 것을
조금은 그 맛을 알리라

강철을 녹여내는 용광로에서
쇳물이 흘러나와
만 번을 두들겨 맞고서야
비로소 달빛에 서기 어린 보검 되리라

40. 조주가 만난 문수와 보현

　조주(778~897) 스님이 국청사라는 곳을 갔습니다. 그때 사미승 둘이 마당에서 비질을 하면서 장난치는데 누가 오든 말든 아무렇게나 하는 것이었지요. 이때 조주가 국청사 마당에 들어서면서 "저런! 저런" 하니 사미승들이 깔깔대다가 다시 소 싸우는 시늉을 했답니다. 그것을 본 조주가 박수를 쳤다네요. 이번에는 이들이 이를 악물고 씩씩대며 노려보니 스님은 바로 선당으로 들어갔다 합니다.

　그 둘은 쫓아 들어와 "조금 전에 우리들이 한 짓이 어떻습니까?" 하니 조주가 박장대소를 하였습니다. 사미승들은 "아이고 미쳐라. 답도 할 줄 모르는 중이 중인가?" 하면서 나갔다 하지요. 얼마 후 조주가 멀리 갔다 돌아오는데 산문 밖에서 여전히 장난치며 놀던 두 사미승이 조주 스님을 보고는 "어디 갔다 오시는데요?" 하는 겁니다. 조주가 근엄하게 "오백나한님께 다녀오는 길이니라." 하니, "오백 마리 소님들!" 했다지요. 조주가 "어째 오백 마리 소라 하는가?" 하고 꾸짖으니 어린 사미 둘은 "아이고! 아이고" 했다 합니다.

고서에 두 사미승은 한산과 습득이라 하였습니다. 그 둘은 한암 동굴에서 살면서 국청사에 가서는 밥 얻어먹고 선승들 놀려주는 것이 그들의 일이었다고 하는데요. 그들은 풍간이라는 선사한테 글공부를 했답니다.

얼마 후에 조주가 다른 산문을 찾아가다가 길을 잃고 길가 조그만 암자를 찾아갔는데, 거기에서 그 꼬마 사미승들을 또 만났다 하지요. 그 꼬마 중들이 조주 스님을 보자 턱으로 끄덕이며 따라오라는 시늉을 해서 따라갔는데, 우물을 들여다보고 서로 자기 것이라며 다퉈 들여다보니 둥근 달이 있었답니다. 조주가 깔깔대며 웃으니 이들은 눈을 흘기면서 암자로 돌아갔다지요.

경계

내 눈에 비친 사물은 나의 거울
귀로 들리는 뭇소리는 나의 경계

잊어도 모락모락 피어오르는
아지랑이같이 떠오르는 마음

우물 속의 달
돌아보니 나의 모습이었다

41. 송계암 아이들

　아주 오래전이었지요. 경암經菴 스님이 덕유산 송계암[寺]에서 아이들을 키우고 있다 하여 '절이 무슨 고아원도 아니고?' 뭔 일인가 궁금하던 차에 내게 잠깐만 왔다 갔으면 한다는 전갈을 받았지요. 나도 근처 옛 절에서 잠시 밥을 축내고 있던 차에 그래 한번 가보자 하고 하안거를 마치고 갔었지요. 그곳은 원래 송계사라는 대찰이 있었는데 6 · 25 때 전화로 소실된 절입니다. 그래서 스님들이 옛 작은 암자 터에 움막을 짓고 송계암이라 한 것이지요.

　마을을 한참 지나 한 개울가에 닿으니 웬 아이들이 물놀이를 하고 노는데 동네 아이들 같지 않았습니다. 송계암 앞

계곡은 물이 맑고 깨끗하여 계곡물을 그냥 마셔도 될 청정한 물입니다. 그저 보기만 해도 마음이 정화되지요. 큰 개울물이 하도 맑아 보고 있노라니 흰 구름도 물이 좋아 떠다니는 겁니다. 아이들은 가재를 잡아 허리에 실을 묶어 놀이를 하며 깔깔대고 물장구에 하루해가 부족할 듯합니다.

암자라고 해봐야 움막에 억새풀 베어다가 지붕을 덮은 초가 한 채와 전화를 모면한 요사 한 채가 다였습니다. 나무 한 짐을 짊어지고 산에서 내려오는 경암 스님은 땀도 식기 전에 나에게 한 3개월만 같이 있자고 하여 무심코 그러자고 했지요. "초암草庵에서 경만 읽는 줄 알았더니 나무도 해오시네?" 하고 안부를 물으니 웃으며 그리되었다고만 합니다.

암자에는 양은솥 두어 개, 옹기 몇 개, 나무 밥숟가락 몇 개가 다였지요. 6·25동란 때 폭격 맞아 법당과 요사가 다 타고 없어진 암자이었는데, 그래도 옛 절터이니 내라도 지키며 그 당시 돌아가신 선사先師님들의 위패라도 모시고 지켜야 할 것 같고, 빨치산들의 흉탄과 아군의 총에 죽은 이들의 넋을 달래야 한다며 왔다는 것입니다.

나무 몇 가지 얽어놓고 떼적 가져다가 얹어놓고 그것도

절이라고 살고 있는데 이것은 암자가 아니라 화전민에 더 가까웠습니다. 저녁때가 되자 개울에서 물놀이하고 놀던 아이들이 쭈르륵 들어오면서 "스님, 밥 주세요" 합니다. 내 도반은 빙그레 웃으며 "6 · 25 참화가 이렇게 만들었지. 스님이 애들 좋아한다고 여기저기에서 맡긴 거였지요. 데려다 키우라고 하고, 또 어떤 이는 직접 데리고 와서 애만 놔두고 가버리니, 내 참! 낸들 어찌하겠소? 이젠 나도 애들 거두기가 힘들어. 근데 말야!" 경암은 한참 뜸 들이더니, "애들 정들면 못 떠나. 쟤들 눈빛 좀 봐! 그냥 부처님이야! 저 아이는 남성 동자. 쟤는 칠성이. 이 애는 동해. 저 애는 백두산. 무궁화 어디 갔어? 여기 있구만. 이렇게 이름 지어 불러."

(……?)

이거이 완전 동해물과 백두산 우리나라 만세다 만세여! 그리고 한참을 웃었습니다. 도반은 마을 신도들이 조금씩 모아다 준 쌀과 보리쌀로 밥을 지어 애들에게 먹이는데 그 정성이 보통이 아니었습니다.

경암 스님 말은 6 · 25 때 송계사가 불타버렸다 하여 답사차 왔다가 계곡이 너무 좋고 당간지석만 덩그러니 있어 마음이 아파 빈 절터에서 서성이다가 한 철만 산다는 것이 그만 붙들려 살고 있다고 하였지요. 하루는 폐사지에서 서성이는 데 한 어린아이가 아버지라며 쫓아와 떨어지지 않더란 겁니다. 할 수 없이 이 애를 살려야겠다고 여기에 움막을 짓고 탁발하다가 밥을 먹였는데 소문이 나 자꾸 애들이 들어오더랍니다.

나는 다음 날 문수, 보현, 동해, 백두산 아이들과 개울가로 물놀이를 갔는데 애들보다 내가 더 신이 났었습니다. 아이들은 고무신에 송사리 잡아놓고 뚫어져라 쳐다보고, 애들은 물고기와 대화를 하는데 여간 잘하는 것이 아니었지요. "송사리 너의 엄마는 어디 있느냐? 아빠는? 밥은 먹고 다니느냐?"는 둥 온갖 말을 주고받는데, 이는 아마도 스스로 위로하는 듯 보이기는 하지만 티 없이 깨끗한 동자들의 놀음에 그만 홀딱 반하고 말았지요. 그렇게 송계암에서 한 철 산다는 것이 반년이나 살면서 탁발하고 나무하고 애들과 물놀이하였던 것이 내게는 행복한 삶의 시간들이었습니다.

세월이 많이 흐른 어느 날 오후, 한 스님이 우거를 찾아와 절을 하는 것입니다.

"스님, 저 모르시지요?"

"예, 잘……?"

"저는 옛날 60년대 송계암에서 문수라는 동자였지요. 그
때 스님께서 오셔서 저희들과 놀아주시고……."

"아, 그러니까 그 문수가 여기 앉아 있는 스님이란 말씀이
지요?"

"예, 스님."

"그럼 그때 그 동자들은? 왜! 동해, 백두산이랑 무궁화,
또 삼천리. 그들은 뭐하는가?"

어찌나 반갑고 고마운지 그저 내가 먼저 묻습니다.

"예, 다 출가하여 중질 잘하고 있습니다."

"경암 스님은 후에 몸져누우셨다가 그만 세상을 뜨시고
말았습니다."

"내가 소식 들어 알지."

"어쨌거나 자네들은 도 잘 닦아 세상 구해야지!"

사실 나는 경암당이 열반하였다는 말은 그가 세상을 떠난
몇 개월 후 알았습니다. 그때 동자승들은 지금은 모두 한 산

중의 중진이 되어 대중들과 모여 앉으면 가끔 덕유산 문수
골 이야기를 하며 언젠가는 덕유산 송계사로 돌아가겠다고
한답니다. 스님도 사람인지라 자신이 살았던 산천이 그리운
것이지요.

본래 태어난 일 없으니
태어났던 곳도 없다

내 고향은 흰 구름이 떠내려간 곳
강물에 비친 달처럼

난 그렇게 산천을 떠돌다
사라지는 한 마리의 새

42. 하늘에 표시한다

지금부터 30여 년 전 일이지요. 내가 호주 시드니에서 밥 얻어먹고 있을 때였습니다. 은사이신 고암 선사께 편지를 드렸습니다. 법체 허락되시면 호주에 오셔서 법연을 베풀어 달라고 하였습니다. 그리고 초청장을 보내드리자 바로 오셨지요. 그때가 고암 노사께서는 세수 87세이셨지요. 큰스님께서 오셨는데 법연의 자리로는 내가 살고 있던 임시 사찰과 시드니 시티 홀에서 법회를 가졌는데 시드니에 있는 모든 대·소승 불교사원에서 스님들만 수십 명이나 모였고 법회는 그곳의 여러 불자 대중이 홀을 가득 메워 성대하게 이뤄졌습니다.

"이 도리는 하늘도 덮지 못하고 땅도 싣지 못합니다. 크다 하면 너무 커서 허공이 부족하고, 작다 하면 너무 작아 겨자 씨 속에 들어갑니다."

사람들은 무슨 말인지를 못 알아듣는 듯했습니다.

이때 한 백인 중년 남자가 고개를 끄덕였습니다. 한 생각이 일어나면 세상이 그 한 생각 안에 있습니다. 만물의 창조는 오직 그 한 생각 속에서부터 시작됩니다. 이렇게 한 시간 동안 이뤄진 법연의 자리가 끝나고 한 교수가 질문을 하였지요.

"저는 시드니대학교 교수 클랜버입니다. 이 땅이 부처님이 광명 놓는 상적광토라면 어찌 세상이 어지럽습니까?"

고암 : "어지럽지 않습니다."

클랜버 : "부처님은 나와 경계가 실제로는 없다 하였는데, 분명 내가 있고 경계가 있습니다. 설명을 부탁드립니다."

고암 : "근본의 자리에는 하나도 없고 둘도 없습니다. 그러므로 나와 너의 경계가 없습니다."

클랜버 : "근본이란 무엇입니까?"

고암 : "아십니까?"

클랜버 : (……)

고암 : "묻는 자, 그는 어디서 왔습니까?"

클랜버 : "스님은 누구입니까?"

고암 : "내가 물은 것부터 답하라."

교수는 합장하고 다음에 다시 뵙겠다고 하고 물러갔습니다. 당시 두 분의 대화는 오래 이어졌었고 상당히 긴장된 시간이었습니다.

스님께서 귀국하실 날이 몇 날 안 남았을 때 한 보살이 말하기를 "큰스님께서 다음 주 귀국한다고 하시는데 저희들이 스님 모시고 싶습니다." 하여 신도들과 날 잡아 가까운 공원을 갔지요. 코알라들이 나무에서 잠자거나 놀이를 하는 것도 볼 수 있었습니다. 신도들이 점심으로 김밥을 내놓으면서, 보살이 김밥 한 덩이를 숲에 던지면서 고수레하였지요.

그때 까마귀가 나타나 물고 갔습니다.

그 자리에 있던 이들이 모두 웃었지요. 까마귀는 또 날아와 고개를 갸우뚱하며 김밥을 달라는 것이지요. 또 던져주었지요. 까마귀는 저만치 물고 가서 땅에 묻는 것이었습니다.

까마귀가 김밥을 땅에 묻는 것을 보고 나는 스님께 여쭈었습니다.

"까마귀는 언제 와 먹을까요?"

"못 먹는다."

"왜 못 먹습니까?"

"구름에 표시했기 때문이다."

"왜 구름에 표시합니까?"

"하늘 한 번 보고 땅 한 번 보느니라."

"하늘은 어디에서부터 하늘입니까?"

"온통 하늘이다.

저 까마귀가 어디서 왔는지 말해보라."

"숲에서 왔지요."

"너는 이미 30방 벌칙이다."

인연의 강

인연의 강물 겁劫을 돌아

연緣과 연緣이 무수히 엮이면서 휘돌아간다

이국땅 끝에서 만난 인연

허공 가운데 퍼덕이는 한 마리 새

43. 조주趙州의 인사법

조주 선사가 백 세도 훨씬 넘은 후 관음원에서 주석하고 있을 때였지요. 나라는 기울고 여기저기에서 봉기하여 왕이라고 군웅할거群雄割據할 시대였습니다.

마침 조왕(송나라를 세운 왕임)과 연왕이 각각 다른 방면에서 진부라는 고을을 점령하기 위하여 쳐들어오던 길인데 조나라 군사가 이렇게 말했다 합니다.

"대왕이시여! 진부에 들어가는 것은 안 될 것 같습니다."

"왜 그런가?"

"그쪽에 서기瑞氣가 있으니 필시 성인이 있을지 모르겠습니다."

"가서 조사하라."

연왕이 보니까 조왕 군대가 갑자기 정지하여 있어서 그들도 더 이상 진군하지 않고 관망하였습니다.

조나라 군사가 이어 말하기를 "대왕이시여! 진부에는 100세도 넘은 고승이 있는데 성인으로 추앙받고, 뿐만 아니라 수백 인의 승려들이 수행을 하고 마을 시정市井에서도 그 노승을 성인으로 존중한다 합니다. 대왕이시여, 이 일을 연왕에게 말하여 양쪽 군사는 물리고, 두 분의 왕께서 한번 만나보는 것은 어떤는지요?"

관음원에 두 왕이 친히 가서 노승을 뵙고자 찾았는데 그때 조주 선사는 선상에 앉아 있었지요. 두 왕이 절을 올렸으나 스님은 절을 받기만 하였습니다. 그때 조왕이 법문을 내려주실 것을 요청했는데 조주 선사는 주저했습니다.

조왕이 말하기를 "뭐를 어려워하시는지요? 그냥 일반 사람처럼 법어를 내려주시라"고 말하자, 옆에 있던 시자가 "너무 많습니다." 조왕과 연왕이 말하기를 "괘념치 마십시오. 저희 군사들이니 아무 문제 될 것 없습니다." 그러자 시자가 말하였습니다. "대왕이시여! 그것이 아니오라 휘호가 너무 많다는 뜻입니다."

그제야 알아듣고 "휘호 같은 것은 괘념치 마시고 말씀해
주십시오."

이때 조주 선사는 이렇게 말하였습니다.

"대왕께서는 원가冤家가 너무 많습니다. 입으로 불세존을
세 번 외우십시오. 그러면 그 가피로 죄는 소멸되고 복은 날
것입니다."

이렇게만 말하고 난 후 두 왕은 돌아갔는데, 후에 연왕의
선봉사先奉士가 이런 전후 사정의 말을 듣고 격분하여 관음
원의 조주 선사를 찾아갔습니다. 그때 조주 선사는 선봉사
가 찾아온다는 말을 듣고 삼문三門 밖까지 나와 선봉사를 맞
았습니다. 선봉사가 말하기를 "노승께서는 대왕이 오셨을
때는 마중도 없었고 선상에서 절만 받으셨다 들었는데 제가
오니까 어찌하여 삼문 밖까지 나와 저를 맞이하시는지요?"
조주 선사는 이렇게 말하였습니다. "그대는 대왕은 아니잖
습니까?"

이 말을 들은 선봉사는 자신이 오만하였다는 것을 금방 깨
닫고 말에서 내려와 선사께 절을 올리고 돌아갔다고 합니다.

후에 조왕은 조주 선사를 뵙고 마정수기를 하였는데 이때에도 대왕은 법문하기를 "대왕 주변은 모두가 삼생의 원수였으니 참회하고 다시 원가를 만들지 말라"고 법어를 내리셨습니다. 이 이야기는 조주어록 서문에 있는 이야기들입니다.

삼생의 원수

오늘 너 만난 것은 원수
삼생 동안 떠내려온 꿈의 조각들

내 알면서 끊지 못하고
그대도 알면서 끊지 못하였지

수많은 인연의 강물 이루어
떠내려가는 모든 그림자들

탯줄에서부터 이어진 긴 끈들은
하늘 가운데 떠도는 별

44. 조주의 세상 살아가는 방식

　100세도 넘긴 조주 선사가 차茶 탁발을 나갔지요. 시장 어귀에 웬 노파가 차를 팔고 있었는데 노승이 기다란 지팡이를 잡고 '차'라고 쓴 헝겊 주머니를 들고 노파 앞에 서 있었습니다. 노파가 보니까 전번에도 왔던 그 노승이었지요.

　"아니, 노화상께선 상자도 없습니까?"

　"그렇게 됐습니다."

　노파는 차를 헝겊 주머니에 조금 넣어주었습니다.

　조주 선사가 얻어온 차는 이웃 동네 늙은이들이 찾아와 축냅니다. 장張가네와 이李가네인데 장가는 얼굴이 검고, 이

가는 얼굴이 희다고 하지요. 이들 이웃집 늙은이들이 와서 하는 말이 차 맛이 왜 이러하냐? 좋은 차 좀 동냥하라는 둥 훈수가 이만저만한 것이 아니지요. 그뿐만 아니라 돌아갈 때는 차 좀 나눠주라 해서 꼭 빼앗아 간답니다. [*장삼이사張三李四의 뜻은 장가가 셋이면 이가는 넷이니 흔한 성姓을 말함.]

하루는 시자가 물었지요. 스님께서 어렵게 얻은 차를 왜 다 나누어 주십니까? 조주 선사가 하는 말이 "장가 얼굴은 검고, 이가는 희다". [이 말의 뜻을 알아야 그래도 절에서 밥도둑 할 자격이 있다.]

또 어느 날 조주 선사가 산책을 나왔는데 마을의 동자들이 땅따먹기 놀이를 하고 있었지요. 조주 선사가 내기를 제안했습니다. "내가 묻는 질문에 네가 맞는 답을 하면 네가 호떡을 사고, 답을 맞히지 못하면 당연히 내가 호떡을 사는 것"으로 했다지요. 그런 다음 문제를 냈지요. 땅에 금을 긋고 아이들에게 "너희는 이 나라의 병졸이고 나는 장수이다. 병졸은 누구 말을 들어야 하는가?"

아이들은 "장수요."

"맞았다. 그러면 너희들이 호떡을 사야 한다." 이렇게 조주 선사는 아이들이 모두 맞히는 답을 냈다 하네요.

다 아는 답

사람들은 다 알지요
사람들은 다 모르지요
알다가 모르고 모르다가 아는 것
그것이 사람의 마음입니다.

45. 도둑놈과 선사

오래전 이야기입니다. 근래에 도道를 좀 안다 하는 스님이 있었지요. 스스로 선사라 칭하는데 아무도 그를 선사라고는 하지 않지만 그래도 상당한 도력이 있다고 합니다. 낮이나 밤이나 댓돌 위에는 흰 고무신 한 켤레 가지런히 벗어놓고 선당禪堂에서 참선을 하는데, 하루 종일 있어도 움직이지 않고 정定에 든다고 소문이 자자했습니다. 시자가 공양 시간이라고 알리러 가보면 방 안은 텅 비어 있답니다.

그믐달이 어스름하고 주위는 스산한데 바람이 살랑 불어 대밭에서 싸~ 하는 바람 소리가 날 때 절 도량 주변은 조용하기만 합니다. 현玄 대사가 장성 천진암이라는 곳에서 정진을 하고 있는데 방문이 스르르 열리더니 스님의 목에 차디찬 칼이 대어지고 나지막한 목소리로 "죽지 않으려면 돈을 내놓으시오". 스님은 꼼짝도 하지 않는 것이었지요. 다시 한번 큰소리로 "돈 내놓으시오. 안 내놓으면 죽습니다." 했답니다. 그런데도 대사는 꼼짝도 안 하고 숨소리조차 없는 것이었답니다. 강도가 이상하다는 생각이 들어서 혹시 사死한 것인가 하고 앞으로 가서 호롱불을 들어 비춰 봐도 알 수 없었다지요. 분명 사람이 죽은 것 같은데 어찌해야 할지 망설이다가 이왕지사 온 목적을 달성하기 위하여 벽장을 열어봐도 가져갈 만한 것이 아무것도 없었는데 방구석에 걸망이 하나 있어, 옳다구나 하고 뒤져보니 천 원이 있는 겁니다. [당시 짜장면 한 그릇이 50원.] 옳지! 하고 주머니 속에 챙겨 넣고, 그래도 궁금하여 송장같이 뻣뻣하고 죽은 것 같은 스님을 자세히 보고자 호롱불을 들어 스님의 얼굴을 살피는데, 그때 죽은 것 같은 스님의 손가락이 방바닥을 가리키며……

"당장 꿇어앉아!"

절 안이 떠나갈 듯 벽력같은 소리를 내지르니 도둑은 그냥 숨이 멎는 듯 풀썩 주저앉아 "스님, 살려주십시오." 그리고는 "저는 스님이 돌아가신 줄 알았습니다. 살아 계시니 그래도 다행입니다." 하였답니다. 칼이고 뭐고 없이 벌벌 떨면서 꿇어앉아 스님의 일장 법문을 듣고 있는데, 저쪽 방에서 스님의 고함 소리에 놀라 잠을 깬 시자가 달려와 "스님! 무슨 일이라도 있습니까?" 하니 스님은 태연하게 "부처님 제자 될 청년이 왔구나. 들어가 자거라." 하였답니다. 그리고 그 청년이 다시 내놓은 천 원을 청년의 손에 쥐어주면서 "앞으로 좋은 일만 찾아서 하여라." 하고 타일러 보냈다고 하지요.

세월이 얼마 지나서 대사가 광주 근교의 자그마한 암자에서 정진하고 있는데 교도소에서 법문을 해달라는 요청이 왔고, 몇 번을 거절하였는데도 꼭 한 번 해달라고 하였다 합니다. 현 대사의 법력을 알아본 교도관이 초청하여 이뤄진 것이라고 합니다. 스님은 기다란 육환장六環丈(스님 지팡이)을 잡고 거룩한 걸음으로 교도소에 가서 법문을 한 시간 동안 하는데 1000여 명도 넘는 교도생들이 꼼짝도 안 하고 들었다고 하지요.
　스님께서 법문을 하시는데

"말하자면 뭐셔! 인생은 절대 두 번의 기회가 없승께. 딱 한 번뿐인디 어찌 소홀할 수 있것소. 안 그렇소? 그라면 어찌 사느냐? 하는 게 문제인데 말하자면, 내 안에 있는 악한 맘 버려야 한다 이거요. 그놈은 원래 내가 아녀. 내가 본래 악하다면 말이 안 되는 거 아닙니까? 사람이 뭐시냐 하면 본래 착한디 누구도 나쁜 사람 되고 싶은 사람 없는겨. 그란디 뭣이냐 하면 내 안의 부처님 같은 마음 있다는 걸 몰라서 그랑께 그건 내 맘이 아니여. 안 그렇소? [박수가 터져 나옴.] 사람은 본시 착한디, 그란디 왜 잘못되는가 하면 욕심 때문이라 그것여. 그라믄 어떡하냐 하면 욕심만 버리면 된다 이거여. 그것 같고도 안뎌. 또 뭐냐 하면 부지런하고 공부도 해야 허구요, 뭐 할 것 많지라. 안 그렇소? 그리고 눈으로 보는 거, 귀로 듣는 거, 그거 다 내가 아녀. 눈 따라가고, 귀로 들은 것 따라가다 보면 다 망하는겨. 내 안에 있는 내 맴도 나 아니지라. 언제 변할지 모르는 게 맘여. 그라면 뭐로 중심을 잡아야 쓰것소? 역시 맘여. 그란디 그 맘은 부처님 같은 맘을 써야 한다 이거요. 알것습니까?"

우레와 같은 박수를 받으며 설법을 마치고 돌아서는데 웬 청년이 "스님~~!" 하여 돌아보니 처음 보는 사람이었다지요. "왜 그러십니까?" 하니, "스님! 저, 그러니까 오래전이지라. 그때 스님께서 참선하고 계실 때 가서 스님 고함 소리에 정신을 잃었던……."

(……)

이때였다네요. 점잖은 스님께서 입에서 쌍욕이 나오고 귓방망이가 올라가고 난리가 나서 교도관이 말리고 하였는데요. 교도관에게 스님이 하시는 말씀이 저런 놈은 종신형에 처해야 한다고 하며, 또 교도관에게 하시는 말씀은 내가 그렇게 신신당부하여 부처님 제자 되라고 약속했는데 약속을 안 지켰다는 것이었다네요. 강도 짓은 쏙~~ 빼고요.

또 세월이 한참 지나고 나서 그 친구가 장성 모 사찰에 주석하는 스님을 찾아와 제자가 되면서 맹세했다고 합니다. "저는요, 죽는 날까지 스님만 모시고 살 것이어라. 허락해 주서라." 그러니 현 대사께서 쾌히 승낙하여 스님 걸망 지고 그림자처럼 따라다녔다고 합니다.

하루는 이러한 사정을 알고 있는 맏상좌가 물었답니다.

"스님, 그리 위험한 인물을 왜 받아들입니까?" 그러니 스님 말씀이 "내가 안 거두면 다른 곳에서 또 죄를 지으면 어떡할 건가? 자네가 책임질 건가?" 하였다고 합니다. 그런데 얼마 전에 부고 문자가 하나 날아들었지요. 바로 현 대사가 열반에 들었다고 합니다. 그렇게 또 한 사람 세상을 걸어간 흔적입니다.

46. 달을 병에 담은 동자승

　　조선시대 괄허 선사란 분이 있었습니다. 산중에 작은 암자에서 동자 하나 데리고 살았다고 합니다. 하는 일이란 뙈기밭에 감자 심고 옥수수를 심어 먹는 것이 고작이었습니다. 하루는 동자에게 물병을 주면서 저 아래 바위 밑에 가면 옹달샘이 있으니 차 달이게 물을 떠 오라 했답니다. 동자가 물병을 들고 갔는데 옹달샘에 달이 있었지요. 동자는 아주 조심스럽게 물병에 물과 달까지 떠서 들고 오는 것이었습니다.

　　노스님이 동자를 보고 "동자야, 무엇을 그리 조심스럽게 가만가만 들고 오느냐." 하고 물었지요. 동자가 "시님, 시님." 하면서 목소리까지 낮추어 조심스럽게 들고 온 물병을 감실 부처님께 따라 부었지요. 그런데 동자는 매우 실망하며 "시님, 제가 분명히 달을 물병에 담아와 감실에 따라 부었는데 달이 사라지고 없습니다." 하고 낙담하였답니다.

　괄허 스님은 동자를 보고 "애야 걱정하지 마라. 감실이 어두워서 보이지 않는가 보다." 하고 동자 손을 잡고 물병을 들고 밖으로 나와 동자와 함께 옹달샘에 가니 여전히 달이 있었습니다. 다시 물병에 달까지 담아 암자에 돌아왔지요. 그리고 달빛이 밝은 뜨락에서 차관에 물을 부으니 달도 고스란히 거기 있더랍니다.

　　山僧偏愛水中月　산승편애수중월
　　和月寒泉納小瓶　화월한천납소병
　　歸到石龕放瀉出　귀도석감방사출
　　盡情攪水月無形　진정교수월무형

　　산승은 물속 달을 무척 좋아하였다네
　　시원한 옹달샘 달을 병에 담아

247

돌아와 감실 부처님 달을 쏟아놓으니
흔들린 물이 진정되어도 달은 보이지 않네

47. 오대산五臺山

벌써 10여 년 전입니다. 중국 오대산에 갔었지요. 오대산
은 중국 화북지방의 지붕이라 할 수 있습니다. 해발 3000미
터가 넘는 산인데, 중국 불교도들의 신앙의 중심지이기도
합니다. 오대산 하면 내게 제일 먼저 떠오르는 것은 자장 율
사입니다.

중국의 오대산은 황량해 보였습니다. 나무 한 그루 없이
험준하고 쓸쓸한 산을 몇이나 넘는데 으스스할 뿐만이 아니
라 마치 귀곡 산장이 나타날 것 같았지요. 오대산 초입에 들
어섰을 때 깎아지른 절벽 끝에 현공사懸空寺가 있었습니다.
허공에 매달려 있다 하여 현공사인데 원래는 도교인들의 수

행처라고도 합니다. 또다시 몇 개의 산을 넘고 또 넘어서 오대산 깊숙이 들어가 목적지에 도착하여 호텔에 여장을 풀고 나니 한밤중이었습니다.

　진눈깨비가 내리는 한겨울 같은 5월, 아침 일찍 찾아간 곳은 현통사玄通寺이었습니다. 현통사는 오대산의 최초의 절이고, 『왕오천축국전』을 지은 혜초 스님이 인도를 다녀와서 늙고 병든 몸을 의지하다 열반한 곳이며, 자장 율사가 당나라에 들어가 장안에서 여러 선사들을 만나고 마지막에 찾아가 문수보살을 친견하고 서상계瑞祥戒를 받은 곳입니다. 크고 작은 절과 여러 종파가 섞여 있어 그야말로 불교 종파의 고장이기도 합니다. 더욱 놀라운 것은 종파가 다른 절과 절이 지붕을 맞대고 수십여의 사찰이 있으니 놀랍습니다. 모두 문수보살의 기도처이니 한국에서는 볼 수 없는 풍경입니다.

　오후에는 몇 대의 불자 일행들은 마이크로버스를 타고 영응사가 있는 산정으로 가려는데 또 눈이 내립니다. 그야말로 늦봄에 오대산 설경을 보게 되었습니다. 하루에도 몇 번씩 변덕을 부리는 날씨 덕에 우리 일행들은 수행 길이라는 것을 실감하는 순간이었습니다. 결론부터 말하자면 만약 오대산에 가면 자장 율사가 문수보살을 친견한 영응사가 있는 북대에 꼭 가보시길 추천합니다. 숲 하나 없는 황량한 오대산을 오르는 차는 꼬불꼬불 수백 번 돌고 돌아 정상으로 가야 합니다. 버스가 가파른 언덕을 헐떡거리며 오르는데 중간쯤 갔을 겁니다. 찻길 가로 웬 수행자 한 스님이 오체투지 하면서 산을 오르는 것이었지요. 모두가 차에서 내려 그 스님의 신심信心에 그만 감동하였습니다. 얼굴이나 그 형상과 손발은 몰골이 아니었지요. 가슴이 뭉클해지는 순간이었습니다. 스님들이나 신도들도 하나같이 아무 말 없이 삼보일배하는 스님을 보며 합장하였습니다.

3000미터나 되는 북대 영응사靈應寺에 도착하니 한겨울이었습니다. 바로 문수보살이 화현했다는 화현지化現池는 그리 크지는 않았지만 못물은 맑았습니다. 또 하나의 하늘이 연못에 있었습니다. 이 연못 앞에서 자장 율사는 부처님 가피를 입고자 일주일간 합장을 한 채로 기도를 하였다고 합니다. 그리고 문수보살로부터 서상계瑞祥戒를 받아와 신라 최초의 전계사가 되었습니다. 당나라는 불교국입니다. 기라성

같은 율사들과 거승들이 있었겠지만 자장 율사는 그를 마다
하고 불계佛戒를 부처님한테 직접 받고자 한 것일까요? 하여
간 여러 생각이 들었습니다.

자장 율사

천삼백 년 전 그대
단시만행檀施萬行 묘한 이치어니
신심이 장한 한 스승이 있습니다
미래에 올 수많은 이들 위하여

님이 그리워
목 놓아 외쳤습니다
가슴이 뜨겁고 너무 그리워서
오시장경五時藏經의 배를 띄웠습니다

48. 영축산 천상 세계를 가다

하루는 통도사에 있는 원사願師한테서 연락이 왔습니다.
죽기 전에 꼭 가볼 곳이 있다는 것이었지요. 어디냐고 물어
도 오면 알려줄 거라는데요, 도통 감도 안 옵니다. 그 친구
는 언제나 자신이 하고 싶은 얘기 끝나면 전화를 끊습니다.
그리고 다시 전화해서는 하는 말이 이것은 우리 둘이만 갈
곳이니 굳이 다른 사람에게 알릴 일도 아니고 더 이상 알 필
요 없다고까지 합니다. 그리고 그곳은 바로 천상 아래 별천
지라는데요. 갈 테면 빨리 오라며 또 끊습니다. 참내! 이 친
구 또 뭐야. 하며 나도 조금 호기심 같은 것이 생겼지요. 언
제 가냐고 하니 낼 당장 오되 등산화를 필히 챙겨 갖고 오라

며 나머지는 자신이 준비한다는 것이었지요.

　통도사에 도착하여 물었습니다.

"어딜 가게?"

"어디긴 어디야. 천상 세계 가야지요."

"그런데 무슨 등산화야?"

"천상에 갈라치면 그래야지요!"

　원願 대사는 밑도 끝도 없이 천상天上 간다는 것인데 진지하기까지 해보였지요. 그리고는 날 따라오라고 하는데, 시키는 대로 아이처럼 그저 따라 했습니다. 등산화 끈을 조여매고 있는데 작대기 하나를 건넵니다. 바로 영축산 등산이었습니다. "어이, 원願 대사. 등산하자고 하지 뭘 서설이 길어서 난 또 굉장한 곳 가는 줄 알았네." 투덜대며 영축산을 오르는데 꽤나 많은 인내심이 필요합니다. 둘이서 헉헉거리고 열 발자국 가서 쉬고, 열 발자국 오르고 쉬어가기를 무려 세 시간을 걸쳐 겨우 영축산 정상에 섰지요. 날씨는 쾌청하여 무지 좋고 멀리 흰 구름 몇 조각 푸른 하늘 떠가는데, 보기에 아까울 정도였습니다. 저 아래 통도사가 보입니다. 엊그제 갔을 때 안개 속에 있었던 대찰이 오늘은 온전히 자신의 모습을 드러내 보이는데 보는 것만으로도 그저 황홀하여 내가 선경에 와 있는 듯하였습니다. 이때 원願 대사가 말하기를 "여기에서 보니 보이지?"

"뭐가 보여?"

"부처님!"

"뭐여! 부처님이 보인다구?"

"자, 자. 잘 봐, 부처님 보이잖아? 노산이 눈이 어두운가 봐. 눈 크게 뜨면 보일걸?"

"허허, 이 사람. 이제는 실성까지 한 거구만!"

"난 저 멀리 아득한 세계에 펼쳐진 진계塵界만 보일 뿐, 부처님은 안 보여!"

"진계라니? 노산은 진계로 보는데 난 천상계로 보인단 말이야!"

"원願 대사나 부처님 실컷 봐."

그때 도반은 크게 웃으며, 이렇게 장광설법을 합니다. 하늘과 땅 모든 세계가 부처의 세계이니 그 속에 있는 모든 이들이 부처님이라서 통도사 법당에는 부처님을 굳이 조성해서 모실 필요가 없었음을 자장 스님이 보여준 것이지요. 저기 좀 봐. 동해 바다가 끝도 없이 펼쳐져 법해法海가 무궁하고 남쪽으로 아스라이 도시들이 펼쳐져서 무량 보살들이 역사를 하잖아. 그리고 그들은 전원田園을 가꾸고 공장에서는 온갖 것 만들지 못할 것이 없으며 부모 형제 보살 가족들은 희망과 행복을 누리고 있고, 그들이 불탑과 대불찰을 세우니, 그곳에 스님들이 수행하며 경·율·론 삼장을 강론하고 또한 수행 보살들이 살고 있지. 이 세계가 바로 천상이지. 이렇게 길게 설명하는 원願 대사를 보니 그의 눈 속에는 정말 부처님이 있었지요. 또 엊그제 친견했던 자장 율사 진영도 얼비쳐 있었습니다. 아~ 이래서 원 대사가 나 보고 천상 구경 가자고 한 뜻을 알았습니다.

나는 좋은 도반이 옆에 있어 주어 마음속으로 몇 번씩이나 감사하다는 생각이 일어났습니다. 그렇게 영축산靈鷲山 정봉에서 수 시간 산정을 둘이 걸었는데 그때 알 수 없는 천향의 향기가 나고 구름 위를 걷는 듯한 기분과 상쾌함, 가슴이 아련해 옴을 말로 할 수 없는 묘함이 있었습니다.

산에서 내려와 통도사에 와보니 스님들과 참배 온 불자들까지 모두 눈 속에 부처님과 자장 율사의 진영이 비쳐 있었습니다. 역시 통도사는 자장 율사의 원대한 원력이 아직도 역사를 하는 것임이 틀림없어 보였지요. 얼마간 도량에서 서성이다 나는 처소로 돌아오며 영축산 정봉에서 느꼈던 것을 잊지 않으려고 눈을 감고 있는데 통도사 정중淨衆들과 오가던 수행修行 대중들이 눈앞에 아른하게 비쳐 보입니다. 영정 속의 자장 율사가 내내 머릿속에서 떠나지 않았습니다.

무릉도원 아름다운 경치
안개 몽롱한데
꽃잎 떨어진 시냇가
향기 실어 멀리 떠난다

(대각 국사의 시 중에서)

49. 자장 율사 열반의 풍경

오래전이었습니다. 내가 태백에 갈 일이 꼭 있었던 것은 아니고 도반이 태백에 토굴을 짓고 도 닦아 깨달음 얻겠다고 해서 잘하고 있는지 점검하려고 청량리역에서 기차를 탔지요. 마침 옆자리에 할아버지 한 분이 흰 두루마기에 망건에 갓까지 썼는데 눈썹까지 하얗게 세어 꼭 산신령 같아 보였습니다. 아무 말 없이 얼마를 갔을까? 노인이 묻는 겁니다. "대사는 어디까지 가시오?" 하는데, 꼭 이조시대 노인의 말투 같았지요.

"예, 태백까지 갑니다."

"몇이시오?"

"서른 됩니다."

"음, 좋구먼!"

(……)

"할아버지께서는 어디까지 가시는지요?"

"나는 정선에서 내려도 되고 사북까지 가도 되오만! 수좌는 앞으로 어찌 살 것이오?"

갑작스런 질문에 뭐라 해야 할지 주저하고 있으니, 노인이 또 묻는 겁니다.

"자장 율사라는 분을 아시오?"

"아~ 조금밖에 모릅니다."

"허기야 누가 그분을 알 것인가." 나는 노인의 이 한마디에 부끄러워 어찌해야 할지 몰랐습니다.

"자장 율사를 잘 아시는지요?"

"내가 청량산 산지기인데 어찌 자장을 모르겠소." [*청량산은 문수보살 주처住處.]

"예? 청량산 산지기란 무슨 뜻인지요?"

"이 수좌 한참 공부 좀 해야겠어." 하는데 사실 조금은 자존심도 상했지요. 나 같은 존재는 깜도 안 된다는 듯이 대하는 것이, 넌 멀었다는 말투였습니다.

그나저나 노인의 위풍이 당당하고 목소리가 우렁차고 눈빛도 감히 내로서는 범접할 수 없는 그런 분이었으니 그저 존경심만 가득했는데 노인은 이런 말을 합니다.

"내가 청량산 주인인데 오늘은 수좌를 만나니 반가워서 내가 굳이 하나 말해주지!"

"예, 무슨 말씀인지 가르쳐주시지요."

"수좌는 자장 율사가 왜 정암사에서 열반했는지 아시나?"

"모릅니다."

"허허, 내 참! 부처님 가르침 생각한다면, 수행을 할라치면, 그분의 원대한 꿈이 이 땅에서 꽃을 피우게 하려면, 그분을 알아야지요. 자장 스님은 스님으로 온 성인인 것쯤은 알고 있어야 해. 오늘날 한국불교는 맨날 스님들이 참선만 내세우는 것밖에 없지. 부처님의 근본 가르침을 모르고 또 도달해야 할 목표를 잘못 택한 거지. 성불? 성불은 이미 가슴속에 있어. 말로 온갖 미사여구나 삽삼조사卅三祖師 연구를 다 꿰도 소용없는 거지!"

"자, 그건 그렇고, 자장 스님이 왜 함백산으로 가셨는지 알아야 해."

"왜 가셨는데요?"

"어허, 그러니까 자장 스님은 철저한 신앙주의지. 기독교로 말하면 복음주의란 말일세. 그분이 어찌나 수행을 철저히 하셨던지 내가 지금까지 자장 율사를……

그러고 말이야. 자장 율사는 석가모니불의 분부를 철저히 따른 분이지. 법당에 불상이 없어! 다 허깨비란 말이야. 진리는 눈으로 보는 것이 아녀. 귀로 듣는 것도 아니고. 마음으로만 헤아리되 그것조차도 아지랑이일 뿐이야. 그래서 자장 율사는 신라 땅 전국을 다니면서 절을 창건하고 전법했지. 그게 이제 5대 보궁이란 거야. 수좌도 알고 있겠지만!"

"예, 알고는 있지만 잘은 모릅니다. 가르쳐주시지요."

"아! 글쎄 말이야, 난 청량산에 있는데 자장 율사께서 부르는 게지."

"예? 자장 스님이 노인을 부르셨다고요? 난 도무지 무슨 말씀하시는지…… 노인께서 그러면?"

"아냐, 말이 그렇다 이거지. 내용만 들어요."

"아~ 예!"

내 말을 가로막고 노인은 계속 말을 이어가기를,

"자장 율사께서 오대산 북대에서 열반에 들고자 했는데 함백산 산지기가 자꾸 조른 게야. 율사께서 여기에서 열반에 들러 오시면 스님께서 학수고대하는 문수보살을 친견할 수 있게 하겠다고 한 거지."

점점 이 노인이 무슨 말을 하는 것인지 도무지 알 수 없었지요. 나는 속으로 실소를 금치 못하구요. 지금부터 1300년의 역사 속을 오고 감에 조금도 거침없으니 전설로 듣기로 하고 예, 예, 하기만 하는데 사실 재미는 있었습니다.

"그래서 제자 다섯을 데리고 그곳으로 가셨지. 탑을 모실 자리에 구룡九龍이 있는 거야. 사실 용까지는 아니고 아홉 마리 흑구렁이가 칡덩굴 위에 똬리를 틀고 있었지."

나는 노인에게 질문하였습니다. "흑구렁이가 왜 거기 있어요?"

"이 수좌, 그냥 듣기만 해요." 핀잔까지 들으며 그저 듣기로 하였습니다. "그때 자장 율사와 다섯 제자가 화엄경을 독송하니 그들은 똬리를 풀고 산속 어디론가 가버렸는데, 자장 율사는 깜짝 놀랐지. 황금 수만 냥이 번쩍번쩍하였지!"

"정말요? 정말 금이 있었다고요? 근데 왜 구렁이가?"

"아~ 참! 이 수좌 성급하기도 해."

"구렁이는 용의 후신이지! 그러니까 부처님 시대에도 그랬어요. 독룡 아홉 마리가 항상 부처님을 외호하지. 그리고 통도사도 구룡지가 있잖은가 말일세! 그 옛날 설악산도 마찬가지야. 구룡이 승천한다 하여 구룡산이라고 했다는 거야. 그래서 거기 봉정암에 불 사리탑을 세우신 거야. 황금 수만 냥으로 수마노석을 중국 귀천에서 가져다가 정암사에 불 사리탑을 세우신 거지. 그때 이미 율사께서는 68세이셨어. 율사는 거기서 열반에 들려고 하신 거야."

"그런데 왜 통도사라는 대찰과 상원사, 월정사, 법흥사 등 좋은 절 다 놔두고 굳이 이곳까지 오셔서 노년에 절 짓는다고 수고하시고, 꼭 그래야만 했나요?"

"그건 말이지. 말하자면 길어요. 자네 같은 정신으로는 몰라요. 사람이 사는 세상은 아주 복잡해요. 사람들마다 생각이 다르거든. 진상도 많아요. 예나 지금이나 정치 세계는 냉혹한 거야. 신진이 들어서면 구세대는 떠밀리지. 마치 파도처럼 말이야. 앞 파도는 뒤에 오는 파도에 떠밀리고 떠밀려서 할 수 없이 거품을 물고 해변에 와서는 쓰러지지. 그게 다 세상이야. 젊은 수좌는 그런 것 배우지 말고 자장 율사처럼 사셔야 해요."

"예, 잘 알겠습니다."

"근데 어디까지 말했더라?"

"네, 열반에 드신다고요!"

"그래, 자장 율사한테 철부지 동자승이 있었지. 그런데 어느 날 어떤 거지가 삼태기를 옆구리에 끼고 와서 자장 스님을 찾더라는 거야. 자장이 자장이 하면서 말이지. 동자가 보니까 삼태기 안에는 죽은 강아지 한 마리가 있었지."

"왜 죽은 강아지를……?"

"내 말 들어. 그래서 이상타 싶어 동자가 말하기를 자장 스님은 지금 주무신다고 하면서 감히 거지 주제에 어디 큰스님을 자장이 자장이 한단 말이오, 하면서 들어가려니 그 거지가 동자야! 하고 불러 세워서 돌아보니 문수보살이 왔다 갔다고 일러라 하고는 삼태기에 죽은 강아지를 마당에 집어던지니 청靑사자로 변하더니만……."

"와, 정말요? 죽은 강아지가요?"

"그 거지가 사자 등에 올라타니 문수보살로 변신하여 남쪽 하늘로 사라진 거지. 동자는 한참 동안 그렇게 청사자를 타고 남쪽 하늘로 사라지는 광경을 황홀하게 보다가 자장 율사가 생각나서 뛰어 들어가 스님! 스님! 하고 부르니 율사는 이미 열반에 드신 거야."

"그러니까 평생 문수보살 친견을 바랐던 자장 율사는 못 보고 그 동자만 본 것이네요."

"그런 셈이지."

나는 문득 생각하였다. 혹시 자장 율사가 바로 문수보살은 아닐는지? 그리고 동자는 문수보살을 모시고 다니는 균제均提가 아닐까?

노인은 계속 말을 이어갔습니다. "인간은 전생에서 이 세상으로 환생한 거야. 우리들의 현재 삶은 환생 이후의 이야기들인 것을 알아야 해!"

나는 노인의 말씀을 듣느라고 정신이 없었는데, 벌써 태백에 도착하여 노인에게 인사를 하는데 노인은 내 손을 잡으며 "내가 수좌에게 자장 율사 이야기해준다고 내릴 곳을 지나왔구먼, 난 그냥 더 감세." 하였지요. 이제 내가 할 말을 다 했으니 수좌는 잘 있으라, 하는데 꼭 스승이 제자에게 가르침을 주는 듯했습니다. 차창 밖에서 불어오는 바람에 노인의 눈썹이 휘날려 마치 성인의 모습처럼 보였습니다.

나는 기차에서 내려 혼자 걷는데 어디로 가야 할지 도무지 알 수 없었습니다. 도반이 자신의 토굴이 이 동네에 어디 있다고 하긴 했는데, 모두 잊고 생각조차 나지 않았습니다.

생生

있다 할 수도
없다 할 수도 없는 고경古鏡에 비친 나
떠다니는 흰 구름이어니
지금 그대는 환생한 몸

50. 동서를 구분 못 하다

　내가 고암 스님을 시봉하고 있는데 하루는 부르시더니 이렇게 물으시었습니다. "한 번 일러보아라."

　"스님, 저는 아직 동서도 구분 못 합니다."

　"정말 동서를 분간할 줄 모르느냐?"

　"예, 스님!"

　"훌륭하구나. 자고로 공부란 그래야 하느니라." 하시고는 선당으로 들어가셨습니다.

　나는 방으로 돌아왔는데 아무 생각도 나지 않았습니다. 왜 동서도 모르는 것이 훌륭하다 했을까. 스님의 뜻을 알지 못하였습니다. 그럼 스님이 동서를 구분할 줄 몰라야 한다는 말씀의 뜻은 뭘까. 그런 일이 있고서 얼마 후에 스님이 또 부르시었습니다. 선당에 들어가니 스님이 대뜸 "알겠느냐?" 나는 어리둥절하며 "모르겠습니다." 하니, "진리란 안다고 할 수 없다." 하시며 훌륭하다고 하시었습니다.

며칠 동안 생각해봐도 가슴이 답답하고 머리마저 깨질 듯 아팠습니다. 얼마 후 난 걸망 지고 가야산을 떠났습니다. 온 산천을 떠돌기를 수년 하다가, 달안 마을 묘관음사를 찾았습니다. 그 당시 도인이라고 이름난 선승 한 분이 있었는데 거기 가면 일러줄 것이라고 권해주었습니다. 절 입구에 들어서니 묘妙관음사란 현판이 있습니다.

왜 묘관음사妙觀音寺야? 거참 묘하네? 하며 선원에 들어섰는데 선원은 조용하고 대숲에서 이는 바람은 쓸쓸하기까지 하였습니다. 조실스님 뵙고자 하니, 안내를 받아 선당에 올라갔지요. 내 앞에는 커다란 산이 가로막고 서 있는 듯하였습니다. 키가 6척이나 되는 듯한 우람한 선승이 내 앞에 턱 서 있는데 산적처럼 보였습니다. 선사는 대뜸 이렇게 물으셨습니다.

"경전 읽었나?"

"예, 이력(경전 공부)을 마쳤습니다."

"그럼 경전 말고 내가 하나 묻겠다. 동서는 구분할 줄 알 겠제?"

"헉!"

앞이 콱 막혔습니다. 수년 전 고암 스님이 물어서 동서를 모른다 하니 그리 좋아하셨는데, 여기에서도 동서를 아는 가? 또 물으니 입이 떨어지질 않았습니다.

"악!" 조실스님이 할을 했습니다.

"이런 동서도 구분 못 하는 놈이 사람이가?"

선사는 경상도 억센 사투리로 몰아치는데 정말 이때는 동 서가 영 생각이 나질 않았습니다.

"그럼 됐고." [난 속으로 '뭐가 됐다는 거지?']

"동서를 구분 못 하는 거는 존기라. 선을 할라치면 다 잊 어야 하는 기라. 내가 보니 동서도 구분 못 한다 카는 중은 니빽게 없데이. 그라니 이제부터는 두 눈 똥그랗게 뜨고 어 머니 배 속에서 태어나기 이전에 나는 누군고? 카고 찾아보아라.”

나는 예, 하고 선당에서 나왔습니다.

선당에서 밖으로 나오니 온몸이 땀에 흠뻑 젖어 있었습니다. 난생처음 이렇게 혼쭐난 적이 없었습니다. 선실에 돌아와 조금 전에 있었던 일을 선원장 스님에게 말하니, 산 대사! 내가 하나 묻겠다.

“어느 곳이 동쪽인고?”

“저쪽 아닙니까?”

“죽비가 등짝에 떨어졌다.”

“무엇이 잘못됐습니까?”

“동서남북 본래 없다. 억!”

아차 싶었는데 이미 늦었습니다.

한 철 두 철 이렇게 묘관음사에서 향곡香谷 선사를 모시고 수년을 지냈습니다. 이젠 떠날 때가 됐다 하고 조사당에 인사하러 올라가 가겠다고 인사를 드리니,

“찾았느냐?”

“아직 못 찾았습니다.”

"자비보살한테 여쭈어보라. 자세히 가르쳐주실기다." 하고는 문을 닫아버렸습니다.

묘관음사 선문을 나서는데 대밭에 바람이 일어 쏴 하는데 향엄지한(미상~898) 선사가 떠올랐습니다. 순간 가슴이 후련해짐을 느꼈습니다. 저것은 큰 대, 이것은 작은 대, 제각각 있는 그대로다. 세상은 그렇게 두두물물이 제각각 분명하고 또렷하게 스스로 장엄하고 있었습니다.

임랑 해변에 갔습니다. 바닷바람이 시원하게 불어오고 그침 없이 파도는 밀려오고 또 밀려서 옵니다. 파도가 일고 싶어 일어나는 것도 아니며, 바람도 일고 싶어 이는 것 아닙니다. 부모미생전父母未生前 일은 알 필요를 느끼지 않았습니다. 다 파도였습니다. 그러나 세상엔 하나도 같은 파도 없고 같을 수도 없습니다. 부처니 마음이니 중생이니 모두 그 하나에 속하는 하나의 이름뿐입니다.

설산 동자

반게半偈를 듣고자 절벽 위에 서 있다
적멸寂滅의 깊은 뜻 듣고 님은 몸을 던지었고
동자는 한마디 듣고자 백성百城을 돌았다
괜히 말법末法에 나왔음을 한탄하지 마라

51. 황악산 대종사의 영결식

한 산중에 고승이 열반에 들었는데 깐깐한 스님이었지요. 종단의 거의 모든 직책이라는 직책은 두루 맡아 다 순리대로 이치에 맞게 처리해서 별명이 대쪽이라 하였답니다. 대본산 도량을 가꾼 것은 내외의 사람들이 견학을 갈 정도였으니 안목도 뛰어났지요. 종단뿐만이 아니라 교육에도 힘을 쏟아서 그 업적은 가히 종도들의 칭찬을 받고 박수 받아도 조금도 부족함 없는 그런 분이셨지요. 얼마 전 대종사의 4대와 육근이 온전치 못하다고 바람결에 들었는데 홀연히 떠났습니다. 조계종에서는 종단장으로 스님의 업적을 회상하며 영결을 했지요. 영결식 날은 고승의 깐깐한 성격대로 정신 번쩍 들게 하는 그런 날이었습니다. 엄동설한에 눈발이 하얗게 휘날려 황악산을 덮었는데, 오색 만장 깃발 수백 개가 도량을 가득 채워 흰 눈발과 대비되어 그야말로 장관이었습니다. 어떤 만장은 극락왕생이라 쓰고, 어떤 만장은 적멸이라 적고, 어떤 만장은 환도중생이라 쓰고, 어떤 만장은 속환사바라 쓰였는데, 유독 만장 하나는 텅 비어 있었습니다. 만장 끝자리에 자신의 이름을 올렸는데 '황악산 산지기'라고만 적혀 있었지요. 내가 궁금하여 그 황악산 산지기라는 분을 찾아 물어보려고 해도 누가 누구인지를 찾을 길이 없었지요. 그리고 수만의 인파가 일주문에서부터 대웅전 앞뜰과 온 도량과 다비장까지 걸을 수 없을 만큼 가득 차 찾을 수 없었습니다.

연화대蓮花臺에 대종사의 법구가 올라가고 제자들은 하염없는 눈물을 흘리는데, 그때 큰스님! 불 들어갑니다. 집에 불났습니다. 빨리 나오세요. 라고 소리 지르는데 불길은 하얗게 내리는 흰 눈꽃과 수백의 만장 깃발이 바람에 휘날리는데, 피어오르는 불꽃 속에서 붉은 연꽃이 피어나는 신기한 일이 일어났지요. 화련火蓮이었습니다. 정말 신기할 정도로 불꽃은 연꽃이 되어 하늘로 날아오르는 것이지요. 오직 스님들의 다비장에서만 볼 수 있는 광경입니다.

　그렇게 불꽃 연이 수만 송이의 연꽃이 되어 황악산 비로 정상으로 날아가는 것이었지요. 수 시간 동안 다비식이 거행되고 사람들은 모두 숙연해졌지요. 마치 쿠시나가라의 쌍림의 풍경이 떠올랐습니다. 다비장 장작불이 활활 타는 것을 지켜보던 대중들은 하얀 연기만을 남겨두고 산을 천천히 내려오는데, 스님들마다 털모자 위로 수북이 흰 눈이 쌓인 모습은 마치 절 입구에 불도들이 갖다 버린 동자 인형들 머리 위에 내려앉은 눈 같아 보였지요. 천여 승가 스님들은 모두 다 표정 없는 눈사람이 되어 빙산이 떠내려가듯 산 아래로 떠내려갔지요. 나도 이제 떠나온 자리로 돌아가기 위해 산에서 내려와 차에 올라 그 엄청났던 황악산을 겨우 빠져 내려오는데 쇠지팡이 짚고 절뚝거리며 힘없이 일주문 밖을 홀로 걸어가는 노인이 보였습니다. 어디까지 가십니까? 물으니 부산 가야 한다기에 마침 잘됐습니다. 저도 부산으로 갑니다. 차에 타시지요. 너무 추워 보이십니다. 공양은 드셨는지요? 물으니 먹었다고 하며 고맙다는 말을 합니다. 그렇게 얼마를 갔을까. 시내를 빠져나와 고속도로에 접어들 때까지 하늘에서는 하얀 눈꽃이 내려 대종사의 가시는 길을 축하라도 하는 듯이 보였습니다.

눈을 지그시 감고 있는 노인에게 물었지요. "부산 어디 사시는지요?" 하니 눈을 감은 채로 말하기를 "지는 황악산 산지기입니다." 하는 것이었지요. 너무 놀랐습니다. 그럼 그 비워둔 만장의 주인? 놀라운 생각이 들어, 그러면 지금은 뭘 하시는가 물었더니 별로 할 일은 없습니다. 다만, 가끔! 하다가 한참을 뜸을 들이더니 하는 말이, 지는 도량에서 비질이나 하고 낙엽을 쓸어내는 뭐 그런 하찮은 일을 하는 것이 제 소임일 뿐입니다, 하는데요. 목소리가 우렁우렁하여 보통 영감은 아니라고 생각하였습니다.

아~~~ 그러시군요. 하고는 얼마를 달렸을까? 노인이 말을 꺼냈지요.

"스님은 어떤 연으로 대종사의 영결식에 오셨는지요?" 하며 오늘 영결식과 종단 원로이며 중진 스님들 천여 승가가 모여 큰스님 가신 뜻을 기억하려는 모습들이 보기 좋았다는 말과 엄동설한에 신도들이 산을 가득 채울 만큼 온 것은 대종사의 거룩하신 덕화가 아니겠는가 라는 말과 이 지역에서 볼 수 없는 장엄한 대사大事였다고 하고, 천 리 밖에서 찾은 분들 또한 다 훌륭한 분들이 아니겠는가 라고 덕담을 일장 연설하듯 말씀하는데 마치 산골짜기에서 물 흐르는 것처럼 맑은 소리 같았지요. 그러면서 제가 산에서 줄곧 보니까 스님이 그 많은 만장 가운데 유독 빈 만장을 유심히 보시는 것을 보았다고까지 하며 자신이 그 만장을 준비한 것이라고 하는 것이었지요.

왜 빈 만장이었을까? 제일 궁금했는데 뜻밖에 그분을 태우고 함께 이야기를 듣게 되었습니다.

제가 물었지요. 그 빈 만장은 "어떤 의미가 있는 것입니까?" 황악산 산지기라는 노인이 말하기를 "내가 며칠간을 생각하고 또 생각해봐도 쓸 말이 없었습니다. 좋은 말씀을 다 적자니 팔만대장경이 될 것 같고, 간단히 적자 해도 부처님 진리를 표현해 쓸 글자를 찾지 못했지요." 하면서 내 법명을 묻기에 노산老山이라 하니, 노산 스님은 그 글자를 아시면 가르쳐달라고 하는데요. 아무리 생각해도 나도 글자가 생각나지 않는 것입니다. 결국 저 같은 중은 잘 모르겠다고 하니 산지기라는 노인이 웃으면서 또 이러는 겁니다. 석가모니부처님이 말씀하시길 '평생 나는 한 글자도, 한 마디도 한 적이 없다' 하셨잖습니까? 그러니 저도 적을 글자가 없어 그저 황악산 산지기라고 적었노라고 하는데, 나는 뒤통수를 얻어맞은 듯했습니다. 아이쿠, 이게 뭐야? 이 산지기 할배 보통이 아니시네!

"그러면 노인께서, 그래서 말하자면…… 에, 그러니까 말하자면, 만장에 그 글을 못 적은 것이 아니라 적지 않은 것이네요."

"아니지요! 적긴 적었지요."

"노산 스님은 못 읽으셨습니까?"

"예?……"

노인은 그 텅 비워둔 만장을 못 읽었는가? 라고 재차 물어와 나는 마음속으로 오늘은 선지식 산지기를 만났구나 하였지요. "아무 글자도 안 쓰셨다고 방금 말씀하시고 만장에 뭘 또 읽었느냐고 합니까? 방금 산지기 노인께서 부처님은 평생 한 말씀도 안 하시었다 하시고, 오직 한 글자도 없는 도리를 중생 앞에 제시하였다고 하시지 않으셨는지요? 그리고 글자를 쓴 바도 없고 한 말씀도 한 바 없는데 굳이 빈 만장을 만들어 사람들의 마음을 떠보려 한 것입니까?"라고 하니 노인은 호탕하게 웃으며 "오늘 차 태워줘서 고맙습니다." 하였지요.

황악산 산지기와 그렇게 대종사의 영결식 이야기를 하며 부산에 도착하여 어디에 내려드려야 합니까? 하니 대답 대신 이 말은 꼭 하고 싶다 하면서 노산 스님 열반하면 만장은 자신이 꼭 쓰겠다고 하는 것이었습니다.

열반

하늘 꼭대기에서
바늘을 던져
겨자씨를 맞추었다

지난 팔월에는
달이 그리도 밝았는데
차가운 호수에
달이 떨어져 있다

52. 아득한 성자

　부음 문자가 내 호주머니에 날아들었습니다. 설악무산 대
종사의 부음이었습니다. 순간 설악산이 눈앞에 선연히 펼
쳐졌습니다. 무애진인인 조오현! 누가 뭐라 해도 오현 스님
하면 설악산이 떠오르니 진정 그는 설악산이 되어 있었습니
다. 역대 고승들의 이름을 떠올리면 먼저 떠오르는 것은 절
아니면 산이지요. 그 자체가 선사의 삶의 종적踵跡이 됩니다.

　불현듯 스치는 것은 무산 스님은 대자유인이었습니다. 선
사는 참으로 무산霧山다운 언구를 기어이 토해내고서야 후련
했을지도 모릅니다. 천방지축天方地軸 기고만장氣高萬丈 허장

성세虛張聲勢로 살았다니? 그래서 온몸에 털이 나고 이마엔 뿔까지 돋았다니? 그래서 설악산의 뿔 달린 기린이 되었나? 자호는 설악이며 무산이라. 만해를 사랑해서 용대리에 만해마을 만들고 만해 선사와 살았으니 그는 만해와 용모까지 닮아 있었지요. 그러다가 백담사에 무문관을 열고 들어가 세상과 벽을 쌓았으니 누에가 스스로 고치집을 짓고 들듯 그도 그렇게 누에고치가 되고 싶었던 것은 아닐까? 근세에 뛰어난 시인이며, 스스로 말한 것처럼 중이었습니다. 설악산의 안개처럼 산 곳곳에 스며들어, 장송과 고목에는 그의 언구들이 주렁주렁 달리고 백담사 찾아온 이들은 개울에 작은 돌탑 하나씩을 쌓고 돌아갈 것입니다.

무산 스님은 어느 날 스스로 안개 낀 산을 의미하는 설악雪岳 무산霧山이라는 자호를 썼습니다. 조금 느낌이 왔습니다. 무산이란 자호는 자신이 수행해온 길을 무산霧山이라 표현했음을 보여주는 대목입니다. 그의 언구들은 조금은 역설적이고 3인칭 수사로 자신을 표현하기도 한 것 같고, 수행한 자신의 시 「아지랑이」는 내 눈을 정지시켜 놓습니다. 깨침의 일성입니다. 일생 동안 살며, 보고 느낀 것들, 천경 만론

도 만경창파에 이는 파도라고 일갈했습니다. 그의 시에서

> 끝내 삶도 죽음도 내던져야 할
> 이 절벽에 마냥 어지러이
> 떠다니는 아지랑이들
> 우습다.
> 내 평생 붙잡고 살아온 것이
> 아지랑이더란 말이냐

　나는 이 시구를 읽다가 이거 '내 인생 아냐?' 한참을 멍하니 있었습니다. 도무지 아무 생각도 나지 않으니 그저 가슴만 두근거릴 뿐이었지요. 선사가 스스로 처절히 닦아온 수행 여정이 노정되어 있다는 생각에 후학들의 지팡이가 될 것이라는 생각도 해봤습니다.

　설악산 깎아지른 절벽, 천불동은 그렇다 치고 토왕산 폭포를 치어다보면 한반도 제일의 절경이어서 눈 감았다가 보고 다시 올려다보다가 아까워서 못 바라보는 일경一境입니다. 빼어난 산세처럼 무산 스님을 빼어난 스님의 면모라 칭

하면 어떨지? 자신을 칭찬하면 욕처럼 들린다는 선사야말로 보기 드문 이 시대의 선승이라 찬탄한다 해도 부족함이 없습니다.

스님이 마지막까지 사대四大를 의탁했던 도량 백담사 개울에는 수많은 조약돌을 쌓아놓은 탑들이 있습니다. 누가 쌓았는지 모를 일이지만 나는 넋을 놓고 바라보는데 선사의 염원처럼 보였지요. 다른 절 앞 개천에서 볼 수 없는 풍경이니 말입니다. 어쩌면 중생들의 소원이 스님의 염원으로 그렇게 끝도 없이 찾아와 쌓아놓고 집으로 돌아갔을 사람들의 모습이 백담사 계곡에 얼비치고 설악산 골마다 어른거렸습니다. 무산 스님은 그렇게 남아 있는 후학들에게 쓰고도 남을 양식을 대청봉 높이만큼이나 마련해놓고 가시었습니다.

설악雪嶽의 마지막 풍경

설악무산 스님 그렇게 떠났다.
종단의 크고 작은 천여 승가들
모든 이들 모여 앉아

칭송하느라고 하루해가 모자랐다.

정말 그랬다. 용대리 이장님이

조사하다 엉엉 울었다.

설악무산은 동네 구석구석 돌아보며

아프지 말고 아파도 울지 말고 살라 했단다.

하버드대에서 날아온 교수는

눈시울 붉히며 상기된 얼굴로

끝내 조사를 읽어 내려갔다.

한 대학의 총장은 나의 큰 스승이었다고

회상하는 구절에서 어깨가 들썩이었다.

수백의 만장 깃발은 일주문을 지나고

다비장엔 수백의 오색 깃발

무심히 다비장의 만장은 펄럭이는데

금방이라도 무슨 일이 일어날 것 같았는데

억수 같은 빗줄기가 깃발을 적시더니

만장에 적은 수많은 문구들은

다 떨어져 강물 되어 바다로 떠내려갔습니다.

불꽃이 법구를 태워 들어가더니
그렇게 활활 타 들어가더니
한 송이 연꽃이 피어나더니
화연火蓮의 붉은 연꽃 송이들
하늘을 향해 날아 하늘 높이 날아
하늘에서 연꽃은 별이 되어 저 멀리 날아
하늘에서 연꽃 송이로 피어났습니다.

금강산 자락 건봉사에는 연꽃이 피어나
온 세상이 연꽃 세상이 되었는데
설악무산은 연꽃이 되어
날아 하늘로 날아
천 송이 만 송이가 되어 날아
높이 날아다니다가
가난한 동네 아픈 이들 곁으로 갔습니다.

양망兩忘

내 인생 잠시 세상에 기댄 것일 뿐

바다에 이는 거센 파도처럼

대하에 흐르는 강물인 것처럼

나도 모를 곳에 휩쓸리는 것처럼

모두 휩쓸려가

언젠가 황토 땅 무덤에 버려져도

기어이 그 무엇이 환생하여

또다시 강물에 휩쓸려 바다로 갈 것이다.

걷다가 잠시만 돌아보면 늘 여기가 거기이고, 거기가 또 여기인 것을 알까? 지난 옛 추억을 더듬어 보면 자신이 걸어 온 모습들이 낱낱이 드러나 밝혀지는 것을 알까? '만약 내가 다시 태어난다면?' 모두가 말하지만 걱정하지 않아도 된다. 좋은 것도 싫은 것도 잃어버리라고 하신 말씀, 잊지 않으면 된다. 앞서간 스승들의 말씀이 떠올라서이다.

허공의 달을 병에 담은 동자승

초판 1쇄 펴냄. 2019년 12월 13일

지 은 이. 장산
발 행 인. 정지현
편 집 인. 박주혜

사   장. 최승천
편   집. 서영주, 신아름
디 자 인. 이선희
마 케 팅. 조동규, 김영관, 김관영, 조용, 김지현
구입문의. 불교전문서점(www.jbbook.co.kr) 02-2031-2070~1
펴 낸 곳. (주)조계종출판사
        서울 종로구 삼봉로 81 두산위브파빌리온 232호
        전화 02-720-6107~9 | 팩스 02-733-6708
        출판등록 제2007-000078호(2007. 04. 27.)

ⓒ 장산, 2019

ISBN 979-11-5580-130-7 03220

이 도서의 국립중앙도서관 출판예정도서목록(CIP)은 서지정보유통지원시스템 홈페이지
(http://seoji.nl.go.kr)와 국가자료종합목록 구축시스템(http://kolis-net.nl.go.kr)에서
이용하실 수 있습니다. (CIP제어번호 : CIP2019049011)